TYPISCH
Kaffeesachsen

BuchVerlag
für die Frau

ISBN 978-3-89798-441-7

Redaktion: Susanne Reinhold
Fotos: Uwe Bender (S. 67), fotolia.com, Uwe Hämsch (Titel)
Covergestaltung und Layout: Uta Wolf, Leipzig
Grafiken: Uta Wolf, Leipzig
Druck und Bindung: Print Consult GmbH, München

www.buchverlag-fuer-die-frau.de

Inhalt

„Gaffee und Guchen“ – eine sächsische Liebesaffäre

Wenn es eine sächsische Kaffeestraße gäbe, dann würde sie, mit Abzweigungen in kleine Dorfstraßen und hübsche Gassen im Umland, von Leipzig bis nach Dresden führen. Auf diesem Weg wären keine Kaffeestauden zu sehen, die dem sächsischen Klima erwiesenermaßen nicht standhalten – obwohl die Sachsen sicher vieles dafür gäben. Aber solange es ihnen noch nicht möglich ist, eigenen Kaffee zu züchten, verwenden sie all ihre Liebe und Phantasie darauf, den Genuss der geschätzten Bohne zu perfektionieren. Wobei sie nicht nur das heiße, schwarze, unverzichtbare Getränk meinen, sondern vielmehr wie, mit wem, wann, wo und wozu es genossen wird. Die Sachsen trinken ihren Kaffee nicht, sie erleben ihn.

Hartnäckig hält sich das Gerücht, dass es die Sachsen gewesen seien, die in deutschen Landen erstmals Kuchen zum Kaffee servierten. Inzwischen ist die Liaison sprichwörtlich, die „Kaffeesachsen“ sind landauf, landab ein Begriff. Was einst ein frustrierter Preußenkönig während des Siebenjähriges Krieges als Beleidigung ersann, haben die „fichilanten“ Sachsen kultiviert und gepflegt und rühmen sich bis heute gern damit, dass ohne Kaffee eigentlich so gar nichts geht. Ganz in der Tradition ihrer Vorfahren, die im Siebenjährigen Krieg ohne Kaffee einfach nicht kämpfen wollten.

Aber Kämpfen ist ohnehin nicht der Sachsen Stärke. Was auch ihrem Naturell widerspräche, denn der Sachse liebt es gemütlich. Das heißt aber nicht, dass er nichts leisten kann! Ihm sind nicht nur das Porzellan und die Kaffeefiltertüten zuzuschreiben. Während anderswo in der ersten Hälfte des 18. Jahrhunderts Kanonenkugeln gegossen wurden, wuchs im Sachsenland der größte europäische Produktionsort für Kaffeemühlen. Auch der Muckefuck ist eine sächsische Erfindung. Und nicht zu vergessen: In Leipzig unterhielten schon Ende des 17., Anfang des 18. Jahrhunderts Kaffee-

hausmusiker die Gäste. Dazu gehörten illustre Persönlichkeiten, Musiker wie Gäste: Georg Philipp Telemann musizierte mit seinem Collegium musicum in den Kaffeehäusern am Marktplatz, Johann Sebastian Bach besuchte mehr als zwanzig Jahre lang zweimal in der Woche das „Zimmermann'sche Kaffeehaus" in der Katharinenstraße – kein Wunder also, dass seine Kaffeekantate als Höhepunkt der sächsischen Kaffeehausmusik des 18. Jahrhunderts gilt –, Goethe und Napoleon ließen sich den Türkentrank im „Arabischen CoffeeBaum" in der Leipziger Fleischergasse munden. Gottsched ging dort ebenso ein und aus wie der Maler Max Klinger, der Dichter E. T. A. Hoffmann oder der Komponist Richard Wagner. Und selbstredend wurde der berühmte Kanon „C-a-f-f-e-e" im Kaffeeland komponiert. Ein besorgter Zittauer Musiklehrer ersann ihn, um seine Schüler vom schädlichen Genuss des Trankes abzuhalten.

Es ist verständlich, dass ein Volk, das eine so innige und Jahrhunderte währende Beziehung zu diesem Geist, Sinne und Körper anregenden Getränk aufgebaut hat, nicht einfach nur ein „Schälchen Heeßen" schlürft. Obwohl sie ihn inzwischen lieben, hätten die Sachsen nie den Coffee to go erfunden. So mancher erbittet morgens halb sieben beim Bäcker sein Heißgetränk mit dem Hinweis „Zum Mitnehmen, bitte" und füllt dann sicherheitshalber das ersehnte Labsal aus dem Pappbecher in das vorsorglich mitgebrachte Thermosgefäß um. Pappe und Kaffee passen einfach nicht zusammen! Denn immerhin ist das Kaffeetrinken fester Bestandteil sächsischer Kultur und Lebensart und muss dementsprechend gewürdigt werden.

Auch das „Filtern" zeichnet die Kaffeesachsen aus: Gebrühter Kaffee ist eine Notlösung, Espresso, Cappuccino, Caffè Latte oder Latte Macchiato neumodischer Kram. Was nicht bedeutet, dass man sie nicht trinkt; der Sachse ist ja ein moderner Mensch. Aber wirklich sächsischer Kaffeegenuss entsteht eben erst durch das Zusammenspiel von liebevoll handgefiltertem Kaffee, feinstem Porzellan und verführerischen Köstlichkeiten aus dem Backofen.

Haben Sie schon einmal darüber nachgedacht, wie viele Kuchen, Torten, Gebäckstücke und süße Kleinigkeiten die deutsche Küche den Sachsen verdankt? Dresdner Stollen, gar keine Frage! Leipziger Lerchen, Meißner Fummel, Quarktorte ohne Boden, Freiberger Eierschecke, Bienenstich, Quarkkeulchen, Pulsnitzer Lebkuchen, Dominosteine ... In Sachsen versteht man es, aus Butter, Mehl, Eiern, Milch und der einen oder anderen einheimischen wie auswärtigen Zutat Unwiderstehliches zu zaubern.

Wenn es um Gebackenes und Süßes geht, wird die sächsische Küche geradezu verschwenderisch, lustvoll, und vor allem offenbar grenzenlos einfallsreich. Viele der traditionellen Rezepte werden immer wieder abgewandelt, verfeinert, neu erfunden. In Konditoreien und heimischen Küchen wird leidenschaftlich experimentiert. Kuchen muss sein – gern am Sonntagnachmittag mit Familie und Freunden, gern in einem der vielen Cafés, die in Sachsen zum Schlemmen verführen. Einige von ihnen, z.B. das „Kaffeehaus Riquet" und das „Café Corso" in Leipzig oder das Dresdner „Café Toscana", sind längst Institutionen, deren Ruf in Sachen Backkunst und Gastlichkeit sich über Generationen hält und sogar Ländergrenzen überschreitet. Wen wundert es da, dass man sich in Leipzig auf einen zweistündigen geführten Stadtrundgang begeben kann – von Kaffeehaus zu Kaffeehaus.

Und beim Kaffee kommen den Sachsen erst die richtig guten Ideen. Zum Beispiel die einer Kaffeetütenmodenschau oder jene, Kuchenschlemmerei und sportliche Betätigung harmonisch miteinander zu verbinden. Wohl nirgendwo sonst auf der Welt sind im Startgeld für eine Laufsport-Veranstaltung Kaffee und Kuchen enthalten, und mit Sicherheit ist es auch einmalig, dass der schnellste Läufer statt eines Pokals eine Torte als Preis erhält.

Nehmen Sie sich daher Zeit für eine gemütliche Kaffeestunde mit einer üppigen Auswahl an Kuchen und Torten, traditionellen und überraschend neuen Backideen und Unterhaltsamem aus dem Land der Kaffeesachsen.

Äwas Kleenes zum Schnabbulieren

Gebäck, Kekse, Knabbereien

Nur zweieinhalb Tassen Kaffee trinken die Sachsen am Tag und liegen damit hinter allen anderen deutschen Bundesländern. Die Zahlen sprechen also nicht dafür, den Titel „Kaffeesachsen“ beizubehalten. Aber wie groß sind diese Tassen, und wie stark der Kaffee? Und viel wichtiger – zeichnet die Quantität überhaupt den Kaffeeliebhaber aus? Es geht doch vielmehr um das Wie, um Kultur und Genuss.

Die Sachsen definieren sich über ihre Liebe zum Kaffee als ein wichtiges Teilstück sächsischer Lebensart und Identität, mit allen dazugehörigen Bräuchen und kleinen Eigenheiten, die über die Jahrhunderte gepflegt und perfektioniert wurden. Dazu gehören auch die Rezepte von verschiedensten leckeren, selbst gebackenen Teilchen, die man zum Kaffee reicht. So abwechslungsreich, überraschend und verführerisch machen sie jeden Neuling in kürzester Zeit zum Verehrer sächsischer Kaffeekultur.

Kaffeeküchlein

- *4 EL Kaffeebohnen*
- *200 g Mokka-Schokolade*
- *175 g Butter oder Margarine*
- *100 g Zucker*
- *1 Pck. Vanillezucker*
- *Salz*
- *3 Eier*
- *200 g Mehl*
- *2 gestrichene TL Backpulver*
- *6 EL Milch*

Kaffeebohnen in einen Gefrierbeutel füllen und mit einer Kuchenrolle leicht zerklopfen. Schokolade hacken, die Hälfte über einem warmen Wasserbad schmelzen, etwas abkühlen lassen. Fett, Zucker, Vanillezucker und eine Prise Salz mit den Schneebesen des Handrührgerätes cremig rühren. Eier nacheinander unterrühren. Flüssige Schokolade hinzufügen und unterrühren. Mehl, Backpulver, gehackte Schokolade und zwei Drittel der Kaffeebohnen mischen und zusammen mit der Milch kurz unter den Teig rühren.
Ofenfeste Tassen gut ausfetten, mit Mehl ausstäuben. Teig in die Tassen verteilen. Im vorgeheizten Backofen (**E-Herd: 175 °C** / **Umluft: 150 °C**) **25** bis **30 Minuten** backen. Kurz ruhen lassen, dann vorsichtig aus den Tassen lösen und auf einem Kuchengitter auskühlen lassen. Ausgekühlte Kuchen zurück in die Tassen geben. Eventuell mit einem Klecks geschlagener Sahne und übrigen Kaffeebohnen verzieren.

Was Sachsen sin von echtem Schlaach,
die sin nich dod zu griechn.
Drifft die ooch Gummer Daach fier Daach,
ihr froher Mut wärd siechen.

Lene Voigt

Küchlein – phantasievoll variiert

100 g Mehl
100 g Speisestärke
2 TL Backpulver
150 ml extrastarker Kaffee
50 ml Amaretto oder Orangenlikör
100 ml Sonnenblumenöl
3 Eier
100 g Puderzucker
4 Pck. Bourbon-Vanillezucker
150 ml weißer Portwein
40 g Amarettini
Puderzucker

Mehl, Speisestärke und Backpulver mischen. 100 ml kalten Kaffee, Likör und Öl verrühren. Eier, Puderzucker und 2 Päckchen Vanillezucker sehr schaumig schlagen. Likörmischung hinzufügen. Mit dem Mehlgemisch verrühren.

Kaffeeteig in gefettete Muffin-Förmchen füllen und im vorgeheizten Backofen auf der zweiten Schiene von unten ca. **25 Minuten** goldbraun backen (**E-Herd: 175 °C** / **Umluft: 160 °C**).

Restlichen Kaffee und Vanillezucker mit dem Portwein verrühren. Muffins aus dem Ofen nehmen. Kaffee-Portwein-Mischung über die heißen Muffins träufeln, die Muffins abkühlen lassen. Amarettini zerbröseln, über die Muffins streuen und mit Puderzucker bestäuben. Dazu nach Belieben halbsteif geschlagene Vanillesahne servieren.

Leipziger Kaffeehäufchen

50 g Kokosfett

150 g Haferflocken

100 g Puderzucker

1 EL Kaffee (sehr fein gemahlen)

6 EL süße Sahne

1 EL Rum

Backoblaten

Kokosfett in der Pfanne schmelzen, Haferflocken hinzufügen, goldgelb rösten. Haferflocken mit Puderzucker, Kaffee, Sahne und Rum in eine Schüssel geben und so lange verrühren, bis die Flüssigkeit aufgesogen ist. Mit 2 Teelöffeln kleine Häufchen abstechen. Diese auf die Oblaten setzen. Kaffeehäufchen **gekühlt** auftragen.

Kaffee Granita *(4 Portionen)*

3 EL Zucker

1 l sehr starker Kaffee oder Espresso

200 ml Sahne

Den Zucker in den heißen Kaffee rühren und vollständig auflösen, abkühlen lassen. Das Ganze in eine flache, gefrierfeste Form und danach 3 bis 4 Stunden ins Eisfach geben. Sobald sich eine Eisschicht gebildet hat, diese mit einem Löffel etwas zerkratzen und wieder unter die Masse rühren. Vorgang mehrmals wiederholen, bis eine grob gekörnte Kaffee-Eis-Masse entstanden ist. Diese nochmals mit Zucker abschmecken, in 4 hohe Gläser füllen und mit geschlagener Sahne servieren.

Kaffee-Sandröschen *(ca. 40 Stück)*

Für den Teig

200 g Butter

75 g Puderzucker

1 Pck. Vanillezucker

80 g Speisestärke (kein Kartoffelmehl)

150 g Mehl

20 g Kakao

Für die Glasur

150 g Puderzucker

2 TL Instant-Kaffeepulver

4 EL heißes Wasser

1 EL Krokant (Haselnuss)

Die Butter mit Puder- und Vanillezucker weißcremig rühren. Speisestärke mit Mehl und Kakao mischen und unter die Schaummasse rühren. Den Teig in Spritzbeutel mit einer Sterntülle füllen und auf ein mit Backpapier ausgelegtes Backblech kleine Rosetten spritzen. Im vorgeheizten Ofen (**E-Herd: 200 °C** / **Umluft: 175 °C**) ca. **10 Minuten** backen.

Vom Blech ziehen und auskühlen lassen. Aus Puderzucker, löslichem Kaffee und Wasser eine Glasur herstellen, die Röschen damit bestreichen, sofort mit dem Krokant bestreuen und trocknen lassen.

Gut verpackt und kühl aufbewahrt halten sie sich ca. 4 Wochen.

„Ohne Gaffee gönn mer nich gämpfn!"
(sächsische Soldaten im
Siebenjährigen Krieg 1756)

Leipziger Ringtaler

8 große Äpfel
60 g Zucker
4 EL Zitronensaft
175 g Mehl
3 EL Stärkemehl
40 g Butter
Salz
1/4 l Milch
6 EL süße Sahne
3 Eier
Fett zum Ausbacken
Zimtzucker

Die Kerngehäuse der Äpfel ausstechen. Danach die Äpfel schälen, etwa 1 cm dicke Ringe schneiden, diese mit etwa 15 g Zucker bestreuen und mit Zitronensaft beträufeln. Mehl, Stärkemehl, Butter, etwas Salz, restlichen Zucker, Milch, Sahne und 3 Eigelb zu einem dickflüssigen Brei verrühren und 15 Minuten quellen lassen. Das Eiweiß zu Schnee schlagen und vorsichtig unter den Teig heben. Die Apfelringe durch den Teig ziehen und in heißem Fett goldbraun backen. Mit Zimtzucker bestreuen und heiß servieren.

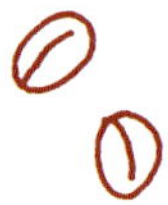

Im sächsischen Kaffeehaus:
„Herr Ober! Ich hätte gern einen Kaffee. Aber ohne Sahne!" „Das duhd mir leid, Gaffee ohne Sahne hamm mir nich.
Gann's ooch ohne Milch sein?"

Leipziger Räbchen

Für den Teig

500 g Mehl

4 Eier

1/2 l Bier (Weißbier)

60 g Butter

abgeriebene Schale von 1 Bio-Zitrone

Salz

60 g Zucker

Für die Füllung

150 g geriebene Mandeln

2 EL Zucker

50 g Butter

50 g Rosinen

2 EL Rum

50 g fein geschnittenes Orangeat

1 kg Pflaumen

Butterschmalz zum Ausbacken

Zimtzucker

Puderzucker

Mehl, Eigelb, Bier, flüssige Butter und geriebene Zitronenschale verrühren. Eiweiß und eine Prise Salz steif schlagen, dabei den Zucker einrieseln lassen. Fertigen Eischnee unter die Biermasse heben.
Für die Füllung die Mandeln mit Zucker, weicher Butter, Rosinen, Rum und Orangeat vermengen.
Die Pflaumen waschen, einritzen und entsteinen. Mit der Mandelmasse füllen und wieder gut zusammendrücken. Vorbereitete Pflaumen in den Bierteig tauchen und in heißem Butterschmalz (ca. 175 °C) auf beiden Seiten goldbraun backen. Nach dem Backen sofort in Zimtzucker wälzen, dann mit etwas Puderzucker bestäuben und warm servieren.

Typisch: *Der Gipfel des Genusses wird erreicht, wenn die Pflaumen einige Stunden vor dem Füllen in Pflaumenlikör eingelegt werden.*

Leipziger Lerchen *(ca. 12 Stück)*

Für den Teig

250 g Mehl

1 Ei

Salz

1 TL Weinbrand

70 g Zucker

125 g Butter

Für die Füllung

250 g Erdbeerkonfitüre

125 g Butter

150 g Puderzucker

1 Eigelb

150 g geriebene Mandeln

Bittermandelöl

75 g Mehl

1 EL Stärkemehl

4 Eiweiß

1 Eigelb zum Bestreichen

Mehl in eine Schüssel sieben. In die Mitte eine Vertiefung drücken. Das Ei, eine Prise Salz und Weinbrand zugeben. Den Zucker darüber streuen, Butterflöckchen daraufsetzen. Aus allen Zutaten einen glatten Teig kneten, diesen für wenigstens 30 Minuten kühl stellen.
Inzwischen die Konfitüre mit dem Mixstab fein pürieren. Butter in einer Schüssel schaumig schlagen. Nach und nach Puderzucker, das Eigelb, Mandeln, einige Tropfen Bittermandelöl, Mehl und Stärkemehl zufügen. Die Eiweiß zu steifem Schnee schlagen und zuletzt vorsichtig unterheben.
Den vorbereiteten Teig etwa 5 mm dick ausrollen. Tortenförmchen ausbuttern (Ø 6 cm, Muffinförmchen eignen sich gut). Förmchen mit dem Teig auslegen. Einen Teigrest beiseitelegen. Mit der Gabel mehrmals in den Teig stechen, damit er keine Blasen wirft. Konfitüre aufstreichen, Mandelmasse darauf verteilen. Obenauf über Kreuz je zwei Teigstreifen legen. Eigelb verquirlen und Teigstreifen damit bestreichen. Im vorgeheizten Backofen (**E-Herd: 180 °C** / **Umluft: 160 °C**) etwa **20 Minuten** backen. Aus dem Backofen nehmen, stürzen und sofort wieder umdrehen.

Typisch: *Als Tüpfelchen auf dem „i“ gilt eine in die Mandel-Füllung eingebettete Maraschino-Kirsche.*

Lerchen – phantasievoll variiert *(ca. 12 Stück)*

Für den Teig

- *100 g Haselnusskerne*
- *175 g Butter oder Margarine*
- *175 g Zucker*
- *Salz*
- *1 Pck. Vanillezucker*
- *4 Eier*
- *300 g Mehl*
- *1 Pck. Backpulver*
- *50 ml Schlagsahne*

Für die Dekoration

- *200 g Marzipan mit Zartbitterkuvertüre*
- *100 g Mascarpone*
- *150 ml Schlagsahne*

Nüsse grob hacken und in einer Pfanne ohne Fett rösten. Herausnehmen und abkühlen lassen. Fett, Zucker, eine Prise Salz und Vanillezucker mit den Schneebesen des Handrührgerätes cremig aufschlagen. Eier nacheinander unterrühren. Mehl und Backpulver mischen und abwechselnd mit Sahne kurz unterrühren. Nüsse untermischen. Die 12 Mulden einer Muffinform mit Papier-Backförmchen auslegen. Teig gleichmäßig darin verteilen. Im vorgeheizten Backofen (**E-Herd: 175 °C** / **Umluft: 150 °C**) **20** bis **25 Minuten** backen. Aus dem Ofen nehmen, auf einem Kuchengitter auskühlen lassen.
150 g Marzipan mit Schokoladenüberzug zu einer geschmeidigen Masse pürieren. Mascarpone unterrühren und cremig schlagen. Steif geschlagene Sahne unter die Mascarpone-Marzipan-Creme heben. Masse in einen Spritzbeutel mit Sterntülle füllen. Tuffs auf die Muffins spritzen. Restliches Marzipan in sehr dünne Scheiben schneiden. Küchlein damit verzieren.

„Sieße muss d'r Coffe sein."
(sächsische Weisheit)

Das ursprüngliche Rezept der Leipziger Lerchen ist etwas zweifelhaft: Bis ins späte 19. Jahrhundert hinein fing man noch die echten Singvögel mit dünnen Netzen, buk sie mit Eiern, Kräutern und Speck und verspeiste sie dann voller Hingabe oder schickte sie als Souvenir in die europäische Welt. Sie waren so bekannt, dass auch der wohl populärste aller Liebhaber, Casanova, die Leipziger Küchensensation probieren musste: „Nach einem heftigen Messeabenteuer zu Leipzig verhalfen mir einige der köstlichen Lerchenspieße, eine Delikatesse daselbst, wieder zu Kräften." Für die Leipziger ist natürlich noch wichtiger, dass sie ihm auch geschmeckt haben. Die Liebe zu dieser Speise war so groß, dass die Lerchen bereits fast ausgerottet waren, als 1876 der König in Dresden die Lerchenjagd verbot. Damit waren die Messestädter einer ihrer Lieblingsspeisen beraubt – bis ein einfallsreicher Bäckermeister ein Gebäck erfand, das die Form der Singvögel nachahmte: ein Mandeltörtchen mit zwei Eierteigflügeln, einem runden Kopf mit Korinthenaugen und Mandelstiftschnabel. Die neuen Lerchen hatten schnell genauso viel Erfolg wie die alten und waren dabei in ihrer Herstellung viel umweltschonender. Zum Glück, denn sonst müssten wir heute vielleicht auf die Delikatesse verzichten! An ihre lebendigen Vorgänger erinnern inzwischen aber nur noch die über Kreuz gelegten Teigbändchen, die wie früher der Speck den „Lerchenleib" umwickeln.

Espresso Spezial *(1 Portion)*

- *1 Tasse Espresso, Kakaopulver*
- *2 cl Bachlikör oder Aronialikör*
- *Sahnehaube oder aufgeschäumte Milche*

Espresso wie gewohnt zubereiten, Likör hinzugeben. Mit Sahne oder aufgeschäumter Milch und etwas Kakaopulver servieren.

Borsdorfer Apfelküchlein

(8 Tartelettes, Ø 6 cm)

Für den Teig

120 g Butter
200 g Mehl
2 EL Zucker
1 Ei

Für die Füllung

3 Eier
150 ml Schlagsahne
2 EL Zucker
2 reife Äpfel
2 EL Zitronensaft
Schokoraspel

Alle Zutaten für den Teig zügig verkneten, zu einer Kugel formen und für 30 Minuten in den Kühlschrank stellen. Den Backofen vorheizen (**E-Herd: 180 °C / Umluft: 160 °C**). Inzwischen für die Füllung die Eier mit der Schlagsahne und dem Zucker verquirlen. Die Äpfel schälen, vierteln, entkernen und in Spalten schneiden. Sofort mit Zitronensaft beträufeln. Den Teig auf einer bemehlten Arbeitsfläche dünn ausrollen und Kreise (Ø 10 cm) ausstechen. Die Tartelettefömchen ausbuttern und mit dem Teig auskleiden. Die Tartelettes mit Backpapier und Hülsenfrüchten belegen und im vorgeheizten Ofen **10 Minuten blind** backen. Herausnehmen, die Sahne-Ei-Masse auf den Tartelettes verteilen und **weitere 5 Minuten** backen. Erneut herausnehmen und mit den Apfelspalten belegt goldbraun zu Ende backen (ca. **10 Minuten**). Herausnehmen, kurz auskühlen lassen, die Tartelettes stürzen und mit Schokoraspel garniert servieren.

Mei ärschter Abbelguchen

Alles muss ä Weib versuchen,
geene Mihe därf mer schein,
drum buk ich ä Abbelguchen
in dr Giche ganz allein.

Mir zur Linken in ä Näbbchen
schnitt ich Abbelschtickchen rein,
riehrte in ä Millichdäbbchen
dann ä Häbbchen Hefe ein.

Meißner Fummel

- *100 g Mehl*
- *Zucker*
- *Salz*
- *50 g Butter*
- *1 Eigelb*
- *1 Strohhalm*

Mehl auf eine Arbeitsfläche geben, mit einer Prise Zucker und etwas mehr Salz mischen und die Butter hinzufügen. Den Teig ca. 10 Minuten gut verkneten, so dass er am Ende elastisch ist. Den Teig 20 Minuten im Kühlschrank ruhen lassen. Danach hauchdünn ausrollen. Eine Hälfte mit Eigelb bestreichen und die andere Hälfte darüber schlagen. Den Rand gut andrücken und das Teigstück auf die andere Seite drehen. Alles auf einem Backblech mit Backpapier platzieren. Die obere Teighälfte mit dem Strohhalm anstechen und leicht aufblasen, so dass der Teig nur noch sehr dünn um einen Hohlraum liegt. Die Teigtasche in den auf **240 °C** vorgeheizten Ofen schieben und **3 Minuten** backen. Fertig gebacken sehen die Meißner Fummel aus wie Glocken.

Budder, Zucker, Mähl un Eier
haut ich voller Schwung zusamm,
gam vor Freide ganz in Feier,
dass mer was zum Gaffee hamm.

Gosten dat ich wie besässen,
un eh ich mirsch rächt versah,
hatt'ch den ganzen Deich gefrässen,
's warn bloß noch de Äbbel da.

Lene Voigt

Zimt-Birnen-Schnecken *(ca. 24 Stück)*

Für den Hefeteig
20 g frische Hefe
50 g Zucker
40 g Butter
100 ml Milch
300 g Mehl
Salz
1 Ei

Für die Füllung
30 g Butter
2 EL Zucker
1 TL Zimt
1 reife Birne
1 EL Zitronensaft
100 g Paranusskerne
Zimtzucker

Die Hefe in eine kleine Schüssel bröckeln und mit 1 Esslöffel Zucker bestreuen. Butter in einem Topf schmelzen, von der Kochstelle ziehen und die Milch zugießen. Mehl, eine Prise Salz, das Ei und den restlichen Zucker in eine Schüssel geben. Hefe glatt rühren und mit der Butter-Milch zum Mehl geben. Mit den Knethaken des Rührgerätes zu einem geschmeidigen Teig verarbeiten. Zugedeckt an einem warmen Ort mindestens 30 Minuten gehen lassen, bis sich das Teigvolumen verdoppelt hat.

Für die Füllung die Butter mit Zucker und Zimt verrühren. Birne waschen, vierteln, entkernen und in dünne Scheiben schneiden. Sofort mit Zitronensaft vermengen.

Paranusskerne grob hacken und mit einem Esslöffel der Zimtbutter vermischen.

Den Hefeteig durchkneten und auf einer bemehlten Arbeitsfläche zu einem Rechteck von 36 x 20 cm ausrollen. Die untere Längsseite mit der restlichen Zimtbutter bestreichen. Birnenscheiben darauf verteilen. Den Teig von unten her aufrollen und in 12 Scheiben schneiden. Die Mulden eines Muffinbleches großzügig mit Butter fetten. Je 1 Teelöffel Paranüsse in jede Mulde geben. Die Teigschnecken in die Mulden setzen, etwas andrücken und zugedeckt weitere 30 Minuten gehen lassen.

Besonders schwer traf die Sachsen die Kaffeekrise in der DDR 1977. Weil die Weltmarktpreise für Kaffee explodierten und dem Land die Devisen fehlten, beschloss das Politbüro unter anderem die Einführung der Mischkaffeesorte „Kaffee-Mix“; sie bestand halb aus Bohnenkaffee und halb aus Surrogaten wie Getreide, Zuckerrüben und sogar Erbsen. „Erichs Krönung“ schmeckte so scheußlich, dass die Bürger die Regierung mit Beschwerden überhäuften. „Nachdem wir eine Tasse getrunken hatten, brauchten wir nicht lange auf Magenschmerzen zu warten“, schrieb jemand. Aber auch die Gastronomen beschwerten sich: Durch den „Kaffee-Mix“ fielen ihre Kaffeeautomaten aus, denn in dem enthaltenen Erbsenmehl war Eiweiß, das unter Druck und Hitze aufquoll und die Filter verstopfte. Honecker persönlich musste dem Volk seine begehrten Bohnen versprechen, und nur durch den schnellen Einkauf von Rohkaffee in Äthiopien und Angola konnte die Lage wieder stabilisiert werden. Hieß es nicht, die Sachsen seien nicht besonders kämpferisch? Für ihren Kaffee konnten sie kämpfen!

Die Schnecken im vorgeheizten Backofen (**E-Herd: 175 °C** / **Umluft: 160 °C**) auf der zweiten Schiene von unten **15 bis 20 Minuten** backen. Die Schnecken sofort auf Backpapier stürzen, sonst haften sie in den Förmchen fest. Auf einem Gitter auskühlen lassen. Nach Belieben mit Zimtzucker bestreuen.

„Babba, hier schdehd ‚ägyptisch‘ – was issn das?“ – „Ägibbdisch? Nu ganz efach, das iss ä Disch zum Gibben.“

Dresdner Spritzkringel *(ca. 50 Stück)*

- *250 g Butter*
- *150 g Puderzucker*
- *1 Pck. Vanillezucker*
- *1 Ei*
- *150 ml Milch*
- *350 g Mehl*
- *25 g Speisestärke*
- *1 Pck. dunkle Kuvertüre*

Mit dem Handrührgerät die nicht zu feste Butter mit Puderzucker und Vanillezucker schaumig schlagen, dann das Ei und die Milch unterrühren. Zum Schluss Mehl und Stärke zugeben. Nur kurz weiterrühren, bis die Masse gut verteilt ist. Den Teig in einen Spritzbeutel mit Sternentülle geben. Auf ein mit Backpapier belegtes Backblech Kringeln aufspritzen. Wenn der Teig fest wird, lässt er sich mit etwas Milch wieder spritzfähig machen. Im vorgeheizten Ofen (**E-Herd: 180 °C** / **Umluft: 160 °C**) ca. **14** bis **16 Minuten** goldgelb backen. Nach dem Backen können die Spritzkringel teilweise in dunkle, gut temperierte Kuvertüre getaucht werden.

Wenn der sächsische Kurfürst August der Starke zur Jagd nach Moritzburg aufbrach, musste ihn ein ganzer Tross von Konditorei- und Küchenpersonal begleiten – er wollte trotz seiner Diabeteserkrankung auf keinen Fall auf seine geliebten Süßspeisen verzichten. Die Königliche Hof-Conditorei versorgte ihn mit Süßigkeiten sowie „Caffe, The und Chocolade“, am liebsten aber mochte er Marzipan und kandierte Pistazien. Und während er sich weit weg von Zuhause an seiner mobilen Bäckerei erfreute, jubelten die zurückgebliebenen Höflinge „Nu kenne mer ditschen!“ und tunkten dabei ihr „Bemmschen“ in den Kaffee. Diese Sitte wurde von dem Landesfürsten, der immer streng auf Etikette bedacht war, in seiner Gegenwart nicht geduldet.

August der Starke war es angeblich auch, der die hauchdünnen, fragilen „Meißner Fummel“ anfertigen ließ. Das geschah ausnahmsweise nicht aus Feinschmeckerei; zwischen Dresden und Meißen waren regelmäßig Kuriere unterwegs, die das gute Meissener Porzellan transportierten und es zu oft zerbrachen. Um das zu verhindern, mussten sie also zusätzlich das voluminöse Gebäck bei sich tragen und bei ihrer Ankunft unversehrt vorzeigen.

Motschekiebchen (Marienkäfer) *(ca. 10 Stück)*

Für den Teig

- *100 g Butter, 100 g Zucker*
- *1 Pck. Vanillezucker*
- *Salz, 2 Eier, 250 g Mehl*
- *3 TL Backpulver*
- *1 Pck. Puddingpulver (Vanille)*
- *3 EL Milch*

Für die Dekoration

- *200 g Puderzucker*
- *3-4 EL Zitronensaft*
- *etwas rote Lebensmittelfarbe*
- *50 g Zartbitterkuvertüre*
- *Schokoladen-Moccabohnen, Zuckerperlen o. ä.*

Butter, Zucker, Vanillezucker und eine Prise Salz schaumig schlagen. Eier nach und nach unterrühren. Mehl, Backpulver und Puddingpulver mischen. Mit der Milch zum Teig geben und unterrühren. Mit angefeuchteten Händen ovale Häufchen auf ein mit Backpapier ausgelegtes Backblech setzen. Im vorgeheizten Backofen (**E-Herd: 200 °C** / **Umluft: 175 °C**) ca. **15 Minuten** goldbraun backen. Auf einem Kuchengitter auskühlen lassen. Puderzucker durchsieben, Zitronensaft hinzufügen und glatt rühren. Guss halbieren, eine Hälfte mit Lebensmittelfarbe rot färben. Kuvertüre hacken und im Wasserbad schmelzen. Käfer mit rotem und weißen Zuckerguss, Kuvertüre, halbierten Moccabohnen und Zuckerperlen verzieren. Trocknen lassen. Ideales Kleingebäck für Kindergeburtstage!

Marienkäfer – phantasievoll variiert *(ca. 20 Stück)*

Für den Teig

- *1 Packung heller Wiener Boden (400 g)*
- *100 g schnittfeste Nuss-Nougatmasse*
- *2-3 EL Aprikosenkonfitüre*

Für die Dekoration

- *1 Eiweiß*
- *175 g Puderzucker*
- *rote Lebensmittelfarbe*
- *1-2 EL Zitronensaft*
- *40 Schokolinsen*
- *25 g Zartbitterschokolade*
- *20 Zuckerherzen*

Außerdem

- *20 Lollistiele*
- *1 Schulpinsel*
- *2 Gefrierbeutel*
- *Steckmoos oder ein größeres Stück Styropor*

Wiener Boden in einer großen Schüssel fein zerbröseln. Nougat grob hacken und über einem warmen Wasserbad schmelzen. Mit der Konfitüre zu den Kuchenkrümeln geben. Masse mit den Händen verkneten und ca. 20 leicht ovale Kugeln (à 25 bis 30 g) formen.

Eiweiß und Puderzucker verrühren. 1 Teelöffel Guss für die Augen in einen Gefrierbeutel füllen und verschließen. Lebensmittelfarbe in den übrigen Guss rühren, bis der gewünschte rote Farbton erreicht ist. Falls der Guss zu dick ist, mit Zitronensaft etwas dünner rühren.

Lollistiel-Ende in den roten Zuckerguss tauchen und in eine Teigkugel stecken. Mit einem Pinsel den roten Guss auf die Kugel auftragen. Fertige Marienkäfer-Pops in eine tiefere Schale mit Steckmoos oder in Styropor stecken und 1 bis 2 Stunden trocknen lassen.

Je 2 Schokolinsen für den Marienkäferkopf mit Zuckerguss aufdrücken. Schokolade grob hacken und über einem warmen Wasserbad schmelzen. Eine kleine Spitze vom Gefrierbeutel abschneiden und jeweils zwei kleine Punkte für die Augen auf die Schokolinsen setzen. Zuckerherzen mit etwas Zuckerguss versehen und als Mund unter die Augen kleben. Schokolade in den zweiten Gefrierbeutel geben, damit die Pupillen tupfen.

Zwei Freunde unterhalten sich. Sagt der eine: „Du, wenn ich ä mal bangsionierd bin, da sädz ich mich in ä Schauglschduhl un mache erschd ema ä Värdljahr iewrhaubd nischd mähr!" „Un dann?" „Dann? Nu, dann wär ich vielleichd mal ä Häbbchen schaugeln."

Schweinsöhrchen

450 g Blätterteig (TK)

Für die Füllung

- *2 Eiweiß*
- *80 g Zucker*
- *200 g fein gehackte Haselnüsse*
- *1 Msp. Zimt*
- *1 TL löslicher Kaffee*

Für die Glasur

- *Aprikosenkonfitüre*
- *Puderzucker*
- *Arrak oder Rum*

Den Blätterteig zu einem Rechteck, ca. 3 mm dick, ausrollen. Für die Füllung das Eiweiß steif schlagen und die restlichen Zutaten unterheben. Die Masse bündig bis zum Rand auf den Blätterteig streichen und die Teigplatte von den Schmalseiten her beidseitig zur Mitte hin aufrollen. Die Rolle kurz im Gefrierfach kalt stellen, danach in ca. 1/2 cm dicke Scheiben schneiden und diese auf ein mit Backpapier ausgelegtes Backblech legen. Auf der mittleren Schiene bei ca. **15 Minuten** backen (**E-Herd: 210 °C** / **Umluft: 180 °C**).

Das noch heiße Gebäck mit heißer Aprikosenkonfitüre bestreichen und mit einer Puderzucker-Arrak-Glasur überziehen.

Kein Brauchtum ohne süße Leckerei – so auch bei den Sorben, die alljährlich im Winter die Vogelhochzeit feiern. Am Vorabend des 25. Januar stellen Kinder einen Teller auf das Fensterbrett oder vor die Tür. Am nächsten Morgen finden sich darauf Süßigkeiten in Form von Vögeln oder Nestern: „Sroki" (mit Zuckerguss überzogene Teigvögel), „Schmätzl" (Baiservögel) oder „Kremnester" (bestehend aus einem Keksboden mit einer Buttercremeschicht in Form eines Nestes mit dunkler Schokolade überzogen und bunten Zucker-Eiern). Dem Brauch zufolge sind die Leckereien von Vögeln gebracht worden, die sich für die Winterfütterung bedanken. In Schulen oder Kindergärten feiern die Kinder dann als Vögel verkleidet die eigentliche Vogelhochzeit mit Gesang, Theater oder Festumzügen.

Bei der Abend-Vogelhochzeit für die Erwachsenen geht es ernster zu. Das Thema wird abstrakter verarbeitet und dazu genutzt, aktuelle Probleme der Sorben anzusprechen. Bei Theateraufführungen wurden jüngst zum Beispiel die Einsparungen beim Sorbischen National-Ensemble Bautzen oder die Abbaggerung sorbischer Dörfer zugunsten des Tagebaus Nochten bissig hinterfragt.

① Aroma-Kaffee *(1 Portion)*

Vanillezucker
Zimt oder Lebkuchengewürz
1/4 l heißer Kaffee
50 ml Milch
Zucker nach Belieben
Sahnehaube, Kakaopulver

Vanillezucker und Zimt oder Lebkuchengewürz mit in den Kaffeefilter geben, den Kaffee wie gewohnt kochen. Danach mit Milch und nach Belieben Zucker servieren. Die Gewürze können auch einfach in den heißen Kaffee gerührt werden. Mit Sahnehäubchen und mit Kakao bestäubt in einem Latte-Glas mit Strohhalm servieren.

Russisch Brot

- *4 Eiweiß*
- *Salz*
- *150 g Zucker*
- *1 Pck. Vanillezucker*
- *1 EL Kakao*
- *150 g Mehl*

Das Eiweiß mit einer Prise Salz zu sehr steifem Schnee schlagen. Zucker, Vanillezucker und Kakao unter den Eischnee rühren. Zuletzt das Mehl zugeben und zu einer glatten Masse verrühren. Backblech mit Backpapier auslegen und den Teig gleichmäßig auf dem Blech verteilen. 15 Minuten an einem kalten Ort ruhen lassen. Im Ofen ca. **10 Minuten** backen (**E-Herd: 180 °C** / **Umluft: 160 °C**). Das Blech aus dem Ofen nehmen und das Brot in gleichmäßige kleine Stäbchen schneiden. Danach noch mal für 5 Minuten in den Backofen schieben und knusprig backen. Die Gebäckstücke erst leicht abkühlen lassen und dann vorsichtig ablösen. Am besten in einer gut verschließbaren Dose aufbewahren, dann bleiben sie lange knusprig.

Kaffee Schloss Wackerbarth

(6 Portionen)

- *12 Eiswürfel*
- *6 kleine Tassen Kaffee*
- *240 ml Sekt, 6 TL Zuckersirup*
- *200 ml Tonic Water*
- *6 Scheiben Bio-Zitrone*

Eiswürfel in die Gläser verteilen und bis zur Glasmitte mit Kaffee auffüllen. Sekt und Zuckersirup dazugeben. Das Ganze mit Tonic auffüllen. Den Kaffee-Drink mit der Zitronenscheibe garnieren.

Weshalb eigentlich stellt Russisch Brot – das Knuspergebäck für Typografie-Fans und lernfaule Schüler – nicht kyrillische, sondern lateinische Buchstaben dar? Die Antwort wird wohl das (Verkaufs-)Geheimnis des Bäckers Ferdinand Wilhelm Hanke bleiben, der, wie man erzählt, das Teigrezept in Sankt Petersburg kennenlernte und um 1844 in die Heimat mitbrachte. In Dresden eröffnete er eine „Deutsche & Russische Bäckerei" und stellte das erste Russisch Brot in Deutschland her. Der Verkaufserfolg ließ nicht lange auf sich warten – sicherlich auch, weil der Begriff „Russisch" damals in den Ohren vieler Menschen noch nach tiefer Seele und geheimnisvoller Mystik klang. Inzwischen haben sich die Vorstellungen davon etwas gewandelt. Doch selbst 40 Jahre obligatorisches Schulrussisch konnte dem Knuspergenuss der Sachsen nichts anhaben, zumal sich das Gebäck auch herrlich „ditschen" lässt. Heute wird Russisch Brot sogar bis nach Australien und Kanada exportiert. Nur in Russland, wo das fettfreie Backwerk dem Namen nach eine Nationalspeise sein sollte, kann kaum jemand etwas mit den essbaren lateinischen Buchstaben anfangen.

Streuselschnecken *(ca. 10-12 Stück)*

Für den Teig

500 g Mehl
20 g Hefe
1/4 l Milch
50 g Zucker
70 g Butter

Für die Streusel

200 g Butter
150 g Mandelblättchen
250 g Mehl
150 g Zucker
1 EL Vanillezucker
Zimt
1 Eigelb

Für den Guss

200 g Puderzucker
4-5 EL Zitronensaft

Mehl in eine Schüssel sieben, eine Vertiefung in die Mitte drücken, einen Vorteig herstellen und zugedeckt an einem warmen Ort 30 bis 40 Minuten gehen lassen. Danach Mehl vom Rand aus über die aufgegangene Hefe geben, restliche Milch und die zerpflückte weiche Butter unterkneten und wiederum an einem warmen Ort gehen lassen, bis sich der Teig in etwa verdoppelt hat. Auf einer bemehlten Arbeitsfläche gut durchkneten und zehn bis zwölf dünne Teigstränge formen. Diese zu Schnecken aufrollen, aufs Blech legen. Nochmals gehen lassen.

Inzwischen 200 g Butter schmelzen und abkühlen, aber nicht festwerden lassen. Die Mandelblättchen ohne Fett in einer heißen Pfanne kurz anrösten. Mehl in eine Schüssel sieben, Mandelblättchen, Zucker, Vanillezucker und Zimt nach Geschmack zugeben, kurz verrühren, die warme, weiche Butter unterrühren. Schnell zu Streuseln verkneten. Eventuell noch etwas Mehl zugeben.

Die vorbereiteten Schnecken mit Eigelb bestreichen, die Streuseln dick auf die Teigstücke geben. Nacheinander im vorgeheizten Ofen auf der zweiten Schiene von unten ca. 20 bis 30 Minuten goldgelb backen (**E-Herd: 180 °C** / **Umluft: 160 °C**). Auf dem Blech etwas abkühlen lassen. Puderzucker mit Zitronensaft zu einer dickflüssigen Masse rühren und über die Schnecken geben. Schmecken leicht warm am allerbesten!

Phantasievoll variiert *(ca. 40 Stück)*

Für den Teig

- *75 g Butter*
- *1/4 l Milch*
- *500 g Mehl*
- *100 g Zucker*
- *1 Ei*
- *Salz*
- *1 Würfel frische Hefe*

Für die Streusel

- *75 g Butter*
- *100 g Mehl*
- *75 g Zucker*
- *Salz*
- *abgeriebene Schale von 1 Bio-Zitrone*

Für die Füllung

- *500 g frische Kirschen*
- *200 g Marzipanrohmasse*
- *4 EL Mohn*

Für den Guss

- *150 g Puderzucker*
- *3-4 EL Kirschwasser oder Wasser*

Butter schmelzen, Milch zugießen und handwarm erwärmen. Mehl, Zucker, das Ei und eine Prise Salz in eine Rührschüssel geben. Hefe hineinbröckeln.

Die warme Milch hinzufügen und mit den Knethaken des Handrührgerätes zu einem glatten Teig verkneten. Zugedeckt an einem warmen Ort ca. 40 Minuten gehen lassen. Danach den Teig nochmals gut durchkneten, evtl. etwas Mehl zugeben und halbieren.

Inzwischen für die Streusel Butter schmelzen. Mehl, Zucker, eine Prise Salz und Zitronenschale mischen. Abgekühlte, aber noch flüssige Butter zugeben und alles mit der Hand zu Streuseln verkneten, zur Seite stellen.

Kirschen entsteinen, vierteln und zur Seite stellen. Marzipan raspeln und ebenfalls zur Seite stellen.

Die eine Hälfte des Hefeteigs auf einer bemehlten Arbeitsfläche dünn zu einem Rechteck ausrollen. Die Hälfte der Marzipanraspel und 2 Esslöffel Mohn gleichmäßig auf dem Hefeteig verstreuen, die Hälfte der Kirschen darauf verteilen. Hefeteig von der kurzen Seite her aufrollen und in 2 cm dicke Scheiben schneiden. Je 6 Schnecken auf ein mit Backpapier ausgelegtes Backblech legen, ca. 15 Minuten gehen lassen. Mit Streuseln bestreuen.

Bleche nacheinander im vorgeheizten Backofen (**E-Herd: 180 °C** / **Umluft: 160 °C**) ca. **20 Minuten** backen. Mit der anderen Hälfte des Teiges ebenso verfahren. Abgekühlte Schnecken glasieren.

Äwas Ordentliches zum Gaffee
Kuchen

Nicht-Sachsen kolportieren gern den Begriff „ä Schälchen Heeßen“ für eine Tasse Kaffee. Nur leider sagt dies kaum ein Sachse. Der Sachse an sich, so es ihn gibt, bestellt in seinem Lieblingscafé nur „een großen“, „gleenen“ oder „een Gännchen Gaffee“. Und dazu „ä Stickel Guchen“. Der allerdings ist unverzichtbar und kann auch den gesprächigsten Sachsen für einen endlos lang erscheinenden Moment stumm vor Glück machen. Was schon etwas heißen will, denn ein Schwätzchen ist an sich so unverzichtbar wie das heiße Getränk samt süßer Versuchung. Wenn es um das Kreieren von Kuchen geht, scheint der Einfallsreichtum der Sachsen unerschöpflich. Natürlich greifen sie gern auf die Klassiker zurück, für die sie nicht nur in Deutschland berühmt sind: Eierschecke, Bienenstich, Prassel- und vor allem Quarkkuchen (wie der Käsekuchen in Sachsen heißt) in vielen Varianten stehen ganz weit oben in der Gunst. Hierfür gibt es sicherlich ebenso viele Rezeptvarianten wie Einwohner. Und verfeinert, verbessert und Neues probiert wird bis heute.

Dresdner Eierschecke

Für den Teig

500 g Mehl
30 g Hefe
150 g Zucker
1/4 l Milch
200 g Butter
1 Pck. Bourbon-Vanillezucker
Salz

Für den Belag

150 g Butter
300 g Zucker
8 Eier
1 kg Quark
1/2 Pck. Puddingpulver (Vanille)
1/2 TL abgeriebene Schale von 1 Bio-Zitrone
Salz
2 EL geriebene Mandeln
Bittermandelaroma
1 EL Stärkemehl
4 cl Weinbrand

Aus Mehl, zerbröselter Hefe, 1 Teelöffel Zucker und einigen Löffeln lauwarmer Milch einen Vorteig bereiten. Etwas Mehl darüber stäuben, zugedeckt gehen lassen.
Butterflöckchen zum Vorteig geben, Zucker, Vanillezucker und eine Prise Salz auf dem Mehlrand verteilen und von der Mitte aus alle Zutaten zügig zu einem geschmeidigen Teig verkneten, dabei die restliche lauwarme Milch hinzufügen. Den Teig so lange kneten, bis er glänzt. Wieder gehen lassen, bis sich das Volumen in etwa verdoppelt hat. Teig nochmals durchkneten. Dann auf einer bemehlten Arbeitsfläche ausrollen. Auf ein gebuttertes Backblech geben, erneut gehen lassen.
Für den ersten Belag 100 g Butter schaumig rühren, dabei nach und nach den Zucker einrieseln lassen. 3 Eier, Quark und Puddingpulver unter den Butter-Zuckerschaum rühren, Zitronenschale, eine Prise Salz, Mandeln und einige Tropfen Bittermandelaroma zugeben.
Für den zweiten Belag 5 Eier mit dem restlichen Zucker weißschaumig schlagen. Restliche Butter, Stärkemehl und Weinbrand unterrühren. Die Masse über einem heißen Wasserbad zu dickschaumiger Creme schlagen.
Ersten Belag auf den Hefeboden geben, die Eiercreme auf die Quarkmasse streichen. Im vorgeheizten Ofen (**E-Herd: 200 °C** / **Umluft: 175 °C**) etwa **45 Minuten** backen. Im letzten Drittel der Backzeit die Oberhitze reduzieren, damit die Creme nicht zu dunkel wird.

Eierschecke – phantasievoll variiert

Für den Teig:

500 g Mehl
1 Würfel Hefe
75 g Zucker
Salz
75 g Butter
1 Ei
1/4 l Milch

Für den Belag

150 g getrocknete Aprikosen
750 g Magerquark
350 g Zucker
6 Eier
100 g gehackte Mandeln
250 g Butter
1 EL Mehl
1 TL Backpulver
Puderzucker

Teigzutaten zu einem Hefeteig verarbeiten und an einem warmen Ort zugedeckt 20 Minuten gehen lassen. Den Teig nochmals durchkneten und eine gut gefettete Pfanne damit auslegen, einen kleinen Rand formen.
Für den Belag Aprikosen klein schneiden. Quark, Zucker und 1 Ei schaumig rühren und gleichmäßig auf den Teig verteilen. Aprikosen und Mandeln darüber streuen.
Die übrigen Eier trennen. Eigelb, Butter und restlichen Zucker schaumig schlagen, Mehl und Backpulver mischen, zugeben. Die Eiweiß sehr steif schlagen und den Eischnee vorsichtig unter die Mischung heben. Masse auf dem Quark verteilen.
Auf der mittleren Schiene des Ofens **25** bis **30 Minuten** backen (**E-Herd: 180 °C** / **Umluft: 160 °C**). Gegebenenfalls mit Backpapier abdecken, damit die Oberfläche nicht zu stark bräunt. Kuchen erkalten lassen. Mit Puderzucker bestäuben.

Soldat zum Hauptmann: „Herr Hauptmann s gomm Drubbm!“ „Was denn for Drubbm?“ „Rääschndrubbm!“ (Regentropfen)

„Die Eierschecke ist eine Kuchensorte, die zum Schaden der Menschheit auf dem Rest des Globus unbekannt geblieben ist", meinte einmal der in Dresden geborene Schriftsteller Erich Kästner, der seine geliebte „Eierschegge" in seiner späteren Wahlheimat München so vermisste. Die Dresdner Konditorei Kreutzkamm hat den Spruch des Humoristen ernst genommen und den saftigen dreischichtigen Kuchen inzwischen weit über die Grenzen des Freistaates hinaus bekannt gemacht.
Wie die Eierschecke zu ihrem Namen kam? Im 14. Jahrhundert bezeichnete man mit „Schecke" (wortverwandt mit „Jacke") einen kürzeren Männer-Leibrock, dessen Taille stark betont war und der mit einem Hüftgürtel getragen wurde. Der Kuchen soll an dieses „dreigeteilte" Kleidungsstück erinnern.
Eine der berühmteren Varianten, die Freiberger Eierschecke, wird im Gegensatz zur Dresdner Eierschecke ohne Quark und nur mit wenigen Millimetern Scheckenmasse auf einem extra dünnen Hefeteigboden zubereitet. Das Rezept entstand vermutlich, weil die Freiberger einst nicht auf ihre Eierschecke verzichten wollten, als sämtlicher verfügbarer Quark zum Bau der Stadtmauer benötigt wurde.

Augusts Morgentrunk *(2 Portionen)*

50 g Zartbitterschokolade
1 Tasse starker Kaffee
1 Prise Zimt, 1 Prise Kardamom
2 TL Zucker, braun
2 cl Creme de Cacao (Kaffeelikör, braun oder weiß)
Sahne und Schokoladenraspel zum Garnieren

Passende Gläser vorwärmen. Schokolade grob hacken und in frischem, heißen Bohnenkaffee unter Rühren schmelzen. Zimt, Kardamom, Zucker und Kakaolikör beifügen und umrühren. Café Chocolat in die Gläser füllen, eine Sahnehaube auf den Kaffee dressieren und mit Schokoladenspänen garnieren.

Schneller Bienenstich

Für den Belag

- *50 g Butter*
- *40 g Zucker*
- *3 EL Schlagsahne*
- *1 TL Honig*
- *100 g gehobelte Mandeln*

Für den Boden

- *150 g Mehl*
- *2 TL Backpulver*
- *125 g Zucker*
- *1 Pck. Bourbon-Vanillezucker*
- *150 g Butter*
- *4 Eier*

Für die Füllung

- *1 Pck. Puddingpulver (Vanille)*
- *2 EL Zucker*
- *1/2 l Milch*
- *250 g Butter*
- *2 EL Honig*

Butter, Zucker, Sahne und Honig in einem kleinen Topf unter Rühren langsam erhitzen und kurz aufkochen. Mandeln unterrühren und die Masse etwas abkühlen lassen, dabei ab und zu umrühren.
Für den Boden Mehl mit Backpulver in einer Rührschüssel mischen. Übrige Zutaten hinzufügen und alles mit dem Rührgerät kurz auf niedrigster, dann auf höchster Stufe 2 Minuten zu einem glatten Teig verarbeiten. Teig in einer Springform glatt streichen. Form in den Backofen schieben und etwa **20 Minuten** backen (**E-Herd: 180 °C** / **Umluft: 160 °C**). Dann den Belag kleckseweise auf dem Boden verteilen, vorsichtig verstreichen und den Kuchen weitere 15 Minuten fertig backen. Boden aus der Springform lösen und auf einem Kuchenrost erkalten lassen.
Boden einmal waagerecht durchschneiden und den oberen Mandelboden in 12 Stücke teilen.
Für die Füllung Pudding mit Zucker und Milch nach Packungsanleitung zubereiten, in eine Rührschüssel füllen, Frischhaltefolie direkt auf die heiße Oberfläche des Puddings legen und erkalten lassen.
Die sehr weiche Butter im Rührgerät schaumig schlagen, Pudding und Honig esslöffelweise unterrühren. Die Vanillecreme auf dem unteren Boden glatt streichen. Die 12 Stücke des Mandelbodens auflegen und leicht andrücken. Bis zum Servieren kalt stellen.

„Biene" – phantasievoll variiert

Für den Teig

- *175 g Mehl*
- *1/2 TL Backpulver*
- *75 g Zucker*
- *1 Pck. Bourbon-Vanillezucker*
- *1 Ei*
- *50 g Butter*

Für die Mandelmasse

- *50 g Zartbitterschokolade*
- *30 g Butter, 30 g Zucker*
- *1 Pck. Bourbon-Vanillezucker*
- *100 ml Schlagsahne*
- *3 EL Honig*
- *200 g gehobelte Mandeln*

Für die Quarkmasse

- *500 g Quark*
- *250 g Mascarpone*
- *100 g Zucker, Salz*
- *1 Pck. Puddingpulver (Vanille)*
- *3 Eier*
- *abgeriebene Schale von 1 Bio-Zitrone*

Für den Streuselteig Mehl und Backpulver in einer Rührschüssel mischen. Übrige Zutaten hinzufügen und alles mit dem Rührgerät zu feinen Streuseln verarbeiten. Die Streusel gleichmäßig auf dem Springformboden verteilen und mit einem Löffelrücken zu einem Boden andrücken. Für die Mandelmasse die Schokolade grob zerkleinern. Butter, Zucker, Vanillezucker, Sahne und Honig in einen kleinen Topf geben und aufkochen. Mandeln unterrühren und die Masse weitere 2 Minuten unter Rühren kochen. Die Masse halbieren. Die eine Hälfte in eine Schüssel geben. Unter die übrige Masse die Schokolade geben und so lange rühren, bis sie geschmolzen ist. Die beiden Mandelmassen etwas abkühlen lassen.

Inzwischen die Quarkmasse bereiten. Quark, Mascarpone, Zucker, Salz, Puddingpulver, Eier und Zitronenschale zu einer glatten Masse verrühren. Die Masse auf dem Streuselboden glatt streichen. Darauf abwechselnd die helle und dunkle Mandelmasse mit Hilfe von Esslöffeln geben und gleichmäßig verstreichen.

Kuchen im unteren Drittel des Backofens etwa **55 Minuten** backen (**E-Herd: 180 °C** / **Umluft: 160 °C**). Auf einem Kuchengitter abkühlen lassen, dann Kuchen mit einem Messer vom Springformrand lösen und den Kuchen in der Form erkalten lassen.

Quarkkuchen vom Blech

300 g Sultaninen
8 Eier
1 Bio-Zitrone
2 kg Quark
300 g Zucker
6 Pck. Vanillezucker
100 g Hartweizengrieß
Salz
Semmelbrösel
Puderzucker

150 ml Wasser aufkochen, über die Sultaninen gießen und ca. 45 Minuten quellen lassen. Danach auf einem Sieb abtropfen lassen.
Die Eier trennen und das Eiweiß kalt stellen. Zitrone gründlich waschen, trocken reiben und die Schale fein abreiben. Zitrone auspressen. Quark, Eigelb, 275 g Zucker, Vanillezucker, Grieß, Salz, Zitronensaft und -schale in eine große Schüssel geben. Mit den Schneebesen des Handrührgerätes cremig rühren. Sultaninen unterheben. Eiweiß steif schlagen, dabei zum Schluss 30 g Zucker (ca. 2 EL) einrieseln lassen. Eischnee in 2 Portionen unter die Quarkmasse heben.
Fettpfanne des Backofens gut fetten und mit Semmelbrösel ausstreuen. Quarkmasse hineingeben, glatt streichen und im vorgeheizten Backofen (**E-Herd: 180 °C** / **Umluft: 160 °C**) ca. **1 Stunde** backen. Danach im ausgeschalteten Backofen noch 5 bis 10 Minuten ruhen lassen.
Kuchen in der Fettpfanne auf einem Kuchengitter ca. 4 Stunden auskühlen lassen. Kuchen in Stücke schneiden und kurz vor dem Servieren mit Puderzucker bestäuben.

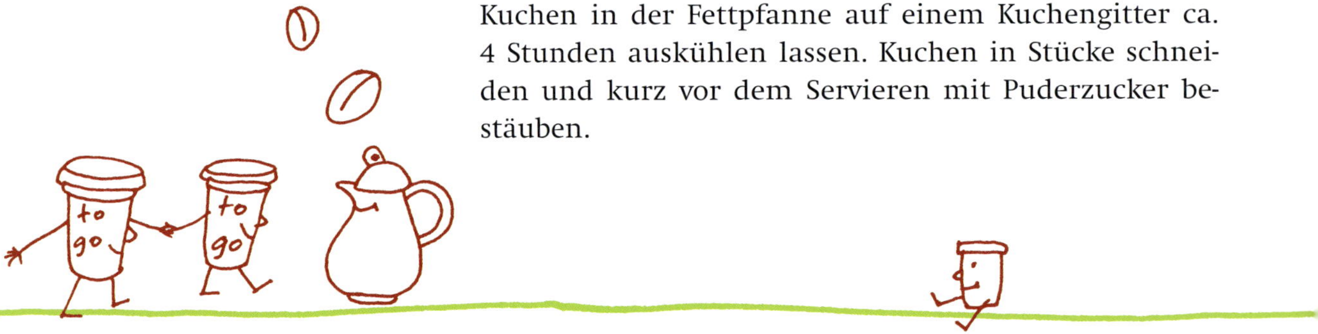

Ein gehaltvoller Quarkkuchen, frisch vom Blech, macht den Sachsen seit jeher das „Lähm sieße". Im 17. Jahrhundert reichte das Leipziger Kaffeehaus Richter zum Modegetränk Kaffee rosinen- und mandelgespickte Quarkkuchen, die nach Rosenwasser dufteten und mit gezuckerten Lavendelblüten bestreut waren.

Weniger kultiviert ging es dagegen 250 Jahre danach in Leipzig zu. Hans Bötticher, der sich später als Kabarettist Joachim Ringelnatz nannte, nahm seinen heiß geliebten Quarkkuchen als Anlass für einen seiner Schülerstreiche: Mitten im Geometrieunterricht seines Lehrers Dr. Dörry hob er die Hand und fragte, unter atemlosen Erstaunen der Klasse: „Herr Doktor, erlauben Sie, dass ich ein Stück Quarkkuchen essen gehe?" Der Lehrer, der sonst nicht mit sich spaßen ließ, lächelte flüchtig und antwortete: „Gut. In fünf Minuten bist du zurück." Ringelnatz huschte aus der Klasse, kaufte ein Stück Quarkkuchen und schlang es „lustlos würgend hinunter", wie er in seiner Autobiografie zugab. Pünktlich kehrte er zurück. Alles ging ohne Folgen vorüber. Bis auf eine: Von nun an war der bis dahin nachlässige Hans Bötticher einer der besten Schüler in Geometrie und verehrte seinen Lehrer Dr. Dörry.

Quarkkuchen – phantasievoll variiert

Für den Teig

- *150 g Mehl*
- *2 EL Puderzucker*
- *abgeriebene Schale von 1/2 Bio-Zitrone*
- *3 EL Butter*
- *1 Eigelb*

Für den Belag

- *500 g Quark*
- *abgeriebene Schale von 1 Bio-Zitrone*
- *100 g Zucker*
- *1 Pck. Vanillezucker*
- *1/2 Pck. Käsekuchenhilfe*
- *2 Eier*
- *600 g Aprikosen*
- *2 EL Ingwerkonfitüre*
- *5 EL Schlagsahne*
- *100 g gehackte Haselnüsse*

Mehl und Puderzucker in eine Schüssel sieben. Eine Vertiefung hineindrücken und abgeriebene Zitronenschale, eiskalte Butter in Flöckchen, Eigelb sowie 3 bis 4 Esslöffel Wasser zugeben. Rasch mit den Händen zu einem glatten Teig verkneten. In Folie wickeln und ca. 1 Stunde im Kühlschrank ruhen lassen.

Den Teig ausrollen und eine gefettete Springform damit auslegen, dabei einen Rand hochziehen. Teigboden mit einer Gabel mehrmals einstechen und im vorgeheizten Backofen ca. **12 Minuten** vorbacken (**E-Herd: 200 °C** / **Umluft: 180 °C**).

Quark abtropfen lassen und mit Zitronenschale, Zucker, Vanillezucker und Käsekuchenhilfe verrühren. Eier trennen und Eigelb zur Käsemasse geben. Aprikosen waschen, halbieren und entsteinen. Mürbeteig mit der Ingwerkonfitüre bestreichen und mit Aprikosenhälften belegen. Eiweiß steif schlagen und vorsichtig unter die Käsemasse heben. Auf den Aprikosen verteilen und weitere **70 Minuten** backen. In der Form erkalten lassen.

Sahne steif schlagen und den Kuchenrand damit bestreichen. Haselnüsse in einer Pfanne ohne Fett rösten und den Rand damit verzieren. Nach Wunsch mit Aprikosenspalten garniert servieren.

Bunter Früchtekuchen

Für den Boden

5 Eier

280 g Zucker

1 TL abgeriebene Schale von 1 Bio-Zitrone

250 g Butter oder Margarine

500 g Mehl

1 Pck. Backpulver

200 ml Milch

Für den Belag

2 Äpfel

250 g Brombeeren

250 g Stachelbeeren

250 g Pflaumen

100 g gehackte Mandeln

Puderzucker

Eier mit 250 g Zucker, abgeriebener Zitronenschale und Butter oder Margarine schaumig schlagen. Mehl und Backpulver mischen und im Wechsel mit der Milch unterrühren. Rührteig auf ein mit Backpapier ausgelegtes Backblech streichen.
Äpfel schälen, vierteln, entkernen und in Spalten schneiden. Brombeeren und Stachelbeeren waschen und abtropfen lassen. Pflaumen halbieren und den Stein entfernen. Teig abwechselnd mit den Obstsorten belegen. Mit Mandeln und restlichem Zucker bestreuen. Im vorgeheizten Backofen (**E-Herd: 180 °C** / **Umluft: 160 °C**) ca. **35 bis 45 Minuten** backen. Auskühlen lassen und mit Puderzucker bestäubt servieren.

Kaffee-Bowle *(3 Portionen)*

1 l Rotwein, einfach

100 g Zucker

100 g Kaffeebohnen

Die Zutaten 3 Tage vor dem Genuss ansetzen. Wer das Getränk nicht so süß mag, sollte die Zuckermenge auf ca. 75 g reduzieren.

Apfelkuchen

Für den Boden

- *300 g Mehl*
- *80 g Zucker*
- *Salz*
- *1 Ei*
- *200 g Butter*

Für den Belag

- *5 Äpfel*
- *60 g Butter*
- *2 EL Zucker*
- *200 g Aprikosenkonfitüre*

Das Mehl mit dem Zucker und einer Prise Salz mischen, auf die Arbeitsfläche häufeln, in die Mitte eine Mulde drücken, das Ei hineinschlagen und die Butter in Flöckchen um die Mulde herum verteilen.

Mit einer Teigkarte die Zutaten von außen nach innen krümelig hacken und mit den Händen rasch zu einem glatten Teig verkneten. Zu einer Kugel formen und in Frischhaltefolie gewickelt für 30 Minuten in den Kühlschrank legen.

Den Teig auf bemehlter Arbeitsfläche in Größe des Blechs ausrollen und das gebutterte Backblech damit auslegen. Dabei einen kleinen Rand formen.

Die Äpfel schälen, vierteln, von dem Kernhaus befreien und in schmale Scheiben schneiden. Diese dachziegelartig auf dem Teigboden anrichten, mit Butterflöckchen belegen, mit Zucker bestreuen und im vorgeheizten Ofen (**E-Herd: 180 °C** / **Umluft: 160 °C**) **25 bis 30 Minuten** backen.

Die Aprikosenkonfitüre leicht erwärmen. Den fertig gebackenen Kuchen herausnehmen, mit der Aprikosenkonfitüre bestreichen und lauwarm abkühlen lassen. In Stücke geschnitten nach Belieben mit geschlagener Sahne oder Crème fraîche servieren.

Apfel-Blätterteig

300 g Blätterteig (aus dem Kühlregal, rund)
4 EL gemahlene Haselnüsse
800 g Äpfel
50 g Butter
50 g Zucker
50 g Rosinen
1 EL Kirschwasser
2 Eier
1 Pck. Vanillezucker
200 ml Schlagsahne
1 Pck. Puddingpulver (Vanille)
Zimtzucker

Springform (Ø 24 cm) mit Backpapier auslegen. Blätterteig aus der Folie nehmen und die Springform damit auskleiden. Die Teigplatte mit einer Gabel mehrmals einstechen und mit den gemahlenen Haselnüssen bestreuen. Äpfel schälen, Kerngehäuse entfernen und in dünne Spalten schneiden. Butter in einem Topf erhitzen, die Apfelspalten darin kurz andünsten, mit 30 g Zucker bestreuen und 5 Minuten dünsten. Rosinen waschen, trocken tupfen und mit dem Kirschwasser beträufeln. Eier mit dem restlichen Zucker und Vanillezucker schaumig schlagen. Sahne mit Puddingpulver glatt verrühren und unterrühren. Die abgekühlten Apfelspalten auf dem Blätterteig verteilen, mit den Rosinen bestreuen und mit der Eier-Sahne-Creme begießen. Kuchen im vorgeheizten Backofen (**E-Herd: 210 °C** / **Umluft: 180 °C**) etwa **40** bis **45 Minuten** backen. Zimtzucker über den noch warmen Apfelkuchen streuen.

Sachsen gilt als Obstland, allein um die 200 Apfelsorten sind hier heimisch. Wen wundert's, dass die Sachsen wahre Meister im Erfinden von Obstkuchen sind und ihre Gäste seit jeher gerne damit bewirten. „Gar delicate Apfelküchlein" haben es etwa im Jahre 1767 Johann Wolfgang von Goethe im Leipziger „Café Gesswein" angetan. Im besten Teenageralter, gerade der strengen Aufsicht seines Vaters entkommen, schwärmte der Studiosus zuerst einmal für die zuckrigen Versuchungen der Leipziger Konditoren und erst dann für Käthchen, die Tochter des Café-Besitzers.
Doch auch die Einheimischen liebten ihren Obstkuchen. Prominentes Beispiel ist der Winnetou-Erfinder Karl May. Aus bitterster Armut kommend, entwickelte er sich im Laufe seines Schriftstellerlebens zum Genießer des fruchtigen Gebäcks. Seine kulinarischen Ansprüche hielt er 1906 sogar in einem Kostbuch fest, in dem er auch Zubereitungshinweise gab.

Kaffee-Parfait *(4 Portionen)*

- *50 g Kaffee, gemahlen*
- *1 Tasse Wasser*
- *6 Eigelb*
- *200 g Zucker*
- *250 ml süße Sahne*

Kaffee in einen Becher geben. Wasser aufkochen, Kaffee überbrühen. 10 Minuten ziehen lassen. Durch einen Kaffeefilter in ein anderes Gefäß gießen. Erkalten lassen. Eigelb und Zucker schaumig schlagen, den kalten Kaffee löffelweise einrühren. Die Sahne steif schlagen und locker unter die Masse unterheben. In eine Form füllen und ins Gefrierfach des Kühlschranks stellen. Gut 2 Stunden gefrieren lassen. – Die Form kurz unter warmem Wasser abspülen und das Parfait auf eine Platte stürzen.

Kirsch-Mandel-Kuchen

Für den Teig

- *1 Würfel frische Hefe*
- *80 g Zucker*
- *1/4 l Milch*
- *500 g Mehl*
- *80 g Butter*
- *Salz*

Für den Belag

- *1/2 Pck. Puddingpulver (Sahne oder Mandel)*
- *1/4 l Milch*
- *20 g Zucker*
- *8 cl Mandellikör*
- *40 g gehobelte Mandeln*
- *3 Gläser Sauerkirschen à 720 g*

Für die Streusel

- *75 g Butter*
- *40 g Zucker*
- *75 g Mehl*

Für den Teig die Hefe zerbröckeln, mit etwas Zucker und lauwarmer Milch verrühren. Mit Mehl, restlichem Zucker, Butter und einer Prise Salz zu einem glatten Teig verkneten und zugedeckt an einem warmen Ort ca. 30 Minuten gehen lassen.
Für den Belag Puddingpulver mit etwas Milch und Zucker verrühren und nach Packungsanweisung mit der restlichen Milch zubereiten. Mandellikör unterrühren. Teig ausrollen und Backblech damit belegen. Mit Pudding bestreichen und mit Mandeln bestreuen. Kirschen abtropfen lassen und auf dem Pudding verteilen.
Für die Streusel Butter, Zucker und Mehl verkneten und die Kirschen damit belegen. Den Kuchen ca. **40 bis 50 Minuten** im vorgeheizten Ofen (**E-Herd: 180 °C** / **Umluft: 160 °C**) backen.

Kennen Sie den Unterschied zwischen einem Teekessel und Othello? Nein? Also: „Beim Deegässl, da sieded dähr Dee! Un beim Odälloh, da deeded dähr sie!"

Sächsischer Pflaumenkuchen

Für den Teig
500 g Mehl
100 g Zucker
30 g Hefe
1/4 l Milch
150 g Margarine
Salz
1 Pck. Vanillezucker
Für den Belag
1,5 kg Pflaumen
Für die Streusel
150 g Mehl
100 g Margarine
100 g Zucker
Salz
Außerdem
Butter
Zimtzucker

Aus Mehl, Zucker, zerbröckelter Hefe und etwas lauwarmer Milch einen Vorteig bereiten, etwas Mehl darüber geben. Zugedeckt an einem warmen Ort mindestens 30 Minuten gehen lassen. Dann Margarine, eine Prise Salz, Vanillezucker und den Rest der erwärmten Milch zum Vorteig geben. Alles so lange rühren, bis ein glatter, glänzender Teig entsteht. Diesen nochmals an einem warmen Ort ca. 1 Stunde gehen lassen. Den gut aufgegangenen Teig wiederum gut durchkneten. Den fertigen Hefeteig auf ein gut gebuttertes Backblech geben und ausrollen, dabei einen ca. 1 cm hohen Rand andrücken. Auf dem Blech nochmals gehen lassen.
Inzwischen die Pflaumen waschen, längs halbieren und entsteinen. Die so vorbereiteten Früchte dicht an dicht schuppenförmig auf dem Teig verteilen.
Mehl mit Margarine und Zucker sowie einer Prise Salz schnell zu Streuseln kneten und auf den Pflaumen verteilen.
Auf der mittleren Schiene im vorgeheizten Ofen (**E-Herd: 200 °C** / **Umluft: 180 °C**) ca. **40 Minuten** backen. Den noch warmen Pflaumenkuchen mit zerlassener Butter bestreichen und großzügig mit Zimtzucker bestreuen.

Pflaumenkuchen mit Eierlikör

3 Eier
125 g Butter
70 g Puderzucker
120 g Mehl
1/2 Pck. Backpulver
30 g Speisestärke
120 ml Eierlikör
600 g Pflaumen

Eier trennen, weiche Butter mit Eigelb und Puderzucker schaumig rühren. Mehl, Backpulver und Stärke vermischen, unter die Eimasse rühren. Nach und nach den Likör unterrühren. Eiweiß zu Eischnee schlagen und vorsichtig unterheben.
Pflaumen halbieren und entkernen. Teig in eine gefettete Springform geben und halbierte Früchte schräg hineindrücken. Den Kuchen im vorgeheizten Backofen (**E-Herd: 180 °C** / **Umluft: 160 °C**) ca. **40 Minuten** backen, abkühlen lassen und nach Wunsch mit Puderzucker bestreut servieren.

Kaffeemousse *(6 Portionen)*

300 g Zartbitterschokolade
150 g Crème fraîche
2 EL Kaffee
4 Eiweiß
3 EL Puderzucker

Schokolade zerbröckeln und die Stücke zusammen mit Crème fraiche unter ständigem Rühren bei kleiner Hitze oder im Wasserbad schmelzen. Kaffee darunterrühren und die Crème etwas abkühlen lassen. Eiweiß steif schlagen und dabei Puderzucker einrieseln. Zunächst 2 Esslöffel Schokoladencrème unter die Eiweißmasse mischen, dann den Rest mit einem Schneebesen locker unterheben. Mindestens 2 Stunden, besser über Nacht, in den Kühlschrank stellen.

Sächsischer Buttermilchkuchen

Für den Boden

4 Tassen Mehl

1 Pck. Backpulver

3 Tassen Zucker

1 Pck. Vanillezucker

1/2 l Buttermilch

Für den Belag

1 Tasse Zucker

2 Tassen Kokosraspel

40 g gehobelte Mandeln

Butter

200 ml Schlagsahne

Mehl, Backpulver, Zucker und Vanillezucker mischen, Buttermilch zugeben und mit dem Rührgerät zu einem zähflüssigen Teig verarbeiten. Ein tiefes Blech mit Backpapier belegen und den Teig darauf verteilen.

Für den Belag Zucker, Kokosraspeln und Mandeln mischen und auf dem Teig verteilen. Auf der mittleren Einschubleiste im Backofen ca. **30 Minuten** backen (**E-Herd: 200 °C** / **Umluft: 175 °C**). Den noch heißen Kuchen löffelweise mit zerlassener Butter bestreichen und die flüssige Sahne darauf verteilen.

Gute Bäbe aus Sachsen

8 Eier
500 g Butter
abgeriebene Schale von 1 Bio-Zitrone
250 g Weizenmehl
250 g Kartoffelmehl
2 EL Rum
Puderzucker

Die Eier trennen. Zimmerwarme Butter mit dem Rührgerät schaumig schlagen. Zitronenschale hinzufügen. Abwechselnd 8 Eigelb und das Mehl hinzugeben, zuletzt den Rum unterrühren. Eiweiß zu Schnee schlagen und behutsam unterheben.
Teig in eine gefettete Kastenform geben und **40 Minuten** backen (**E-Herd: 200 °C** / **Umluft: 175 °C**). Mit Puderzucker bestreut auftragen.

① Drachen-Kaffee *(6 Portionen)*

1,2 l Wasser
6 EL Kaffeepulver
1 große Chilischote

Kaffeemaschine wie gewohnt vorbereiten, vor dem Einschalten die halbierte Chilischote auf das Kaffeepulver geben. Darauf achten, dass sie genau im Strahl des heißen Wassers platziert ist. Wer es schärfer mag, kann die Anzahl (oder die Sorten je nach gewünschter Schärfe) der Chilischoten variieren.
Servieren Sie den Kaffee mit einer kleinen, eingeschnittenen Chilischote am Tassenrand und einem Glas eiskalten Wasser.

Dass sich der Ausdruck „Kaffeesachsen“ allerorts verbreitete und spöttisch verwendet wurde, liegt nicht zuletzt an den beliebten „Bliemchen“-Heften Ende des 19. Jahrhunderts. Die Witzblattfigur Fritz Bliemchen war ein spießbürgerlicher Sachse aus Pirna, der von den Mieteinnahmen seiner Häuser lebte und schon zum Frühstück fünf bis sechs Tassen Kaffee trank – „dreimal durchgeseicht“, wie er sagte, nicht aus Sparsamkeit, sondern aus Vorliebe, der Kaffee in Paris und Italien war Bliemchen zu bitter. Bliemchens Ehefrau lud regelmäßig am Nachmittag zum Kaffeekränzchen ein, bei dem, wie es sich gehört, ausführlich getratscht wurde.

Nach dem Leipziger Humoristen Hans Reimann läuft dieses Kaffeeklatsch-Ritual wie folgt ab: „Nach einer umständlichen Begrüßung drängt die Gastgeberin ihren Gästen Kaffee und Kuchen auf, und später wird ein Streit inszeniert.“ Seiner Meinung nach, und Fritz Bliemchen hätte ihm sicher zugestimmt, besteht der echte Blümchenkaffee „aus einem Minimum an Bohnen und einem Maximum an Zusatz“.

Laut dem Erfinder Gustav Schumann sollte die Bliemchen-Figur übrigens ein abschreckendes Beispiel für das damalige Kleinstaaterei-Denken darstellen. Diese Ironie wurde aber häufig missverstanden, und der Preußenfeind und Patriot galt bald doch als der „typische Sachse“.

Buggelkuchen

- *6 Eigelb*
- *6 EL Mehl*
- *6 EL Rum oder Weinbrand*
- *125 g Butter*
- *Puderzucker*
- *Zucker*

Eigelb, Mehl und Alkohol mit dem Handrührgerät zu einem glatten Teig verarbeiten. Ein gefettetes, mit Backpapier belegtes Blech nehmen und den Teig gleichmäßig darauf verteilen.
Im vorgeheizten Backofen (**E-Herd: 200 °C** / **Umluft: 175 °C**) ca. **15 Minuten** backen. Beim Backen entstehen die „Buggel". Den Kuchen abkühlen lassen und danach wie Stollen buttern und zuckern.

Buggelkuchen mit Kirschen

Für den Teig

1/4 l Wasser

80 g Butter

150 g Mehl

30 g Speisestärke

2 Msp. Backpulver

5-6 Eier

Für den Belag

1 Glas Sauerkirschen (370 g)

Kirschsaft

1 Pck. roter Tortenguss

2 EL Zitronensaft

2 EL Kirschwasser

60 g Zucker

3/4 l süße Sahne

2 Pck. Bourbon-Vanillezucker

3 Pck. Sahnesteif

Kakao

Wasser und Butter in einem Topf zum Kochen bringen. Mehl mit Speisestärke und wenig Backpulver mischen und unter ständigem Rühren zugeben. Weiterrühren, bis sich die Brandmasse vom Boden löst. Abkühlen lassen und die Eier nach und nach unterrühren.
Den Teig auf ein gefettetes, mit Mehl bestäubtes Backblech streichen und ca. **20 bis 30 Minuten** backen (**E-Herd: 200-220 °C** / **Umluft: 175 °C**). Der Kuchen soll hügelig und goldbraun aussehen. Das fertige Gebäck sofort vom Blech lösen und auf ein Kuchengitter zum Auskühlen legen.
Sauerkirschen aus dem Glas mit Saft auf 500 g auffüllen. Erhitzen und mit rotem Tortenguss nach Anleitung binden. Dabei Zitronensaft und Kirschwasser zugeben. Masse mit etwas Zucker abschmecken und kalt stellen. Gut gekühlte Sahne mit dem restlichen Zucker sowie dem Vanillezucker aufschlagen, dabei Sahnesteif einrieseln lassen.
Sahne auf dem Brandteig verteilen, eventuell mit einem breiten Messerrücken etwas glätten. Sauerkirschen dazwischen häufeln und mit Kakao bestäubt servieren.

Baumkuchen

- *200 g Butter*
- *200 g Zucker*
- *100 g Marzipan-Rohmasse*
- *1 Pck. Vanillezucker*
- *4 EL Zitronensaft*
- *4-5 EL Milch*
- *3 Eier*
- *150 g Mehl*
- *2 TL Backpulver*
- *75 g Speisestärke*
- *75 g Aprikosengelee*
- *250 g dunkle Schokoladenglasur*

Butter und Zucker schaumig schlagen, dann die klein geschnittene Marzipan-Rohmasse, Vanillezucker, Zitronensaft, die Milch und die Eier zugeben und mit dem Rührgerät auf höchster Stufe zu einem schaumigen Teig aufschlagen. Mehl mit Backpulver mischen und mit der Speisestärke auf den Teig sieben, unterrühren und alles zu einem cremigen, nicht zu flüssigen Teig verarbeiten. Den Boden einer Springform mit Backpapier auslegen. Darauf eine dünne Teigschicht, etwa 0,5 cm, streichen und diese erste Schicht kurz backen (**E-Herd: 220 °C / Umluft: 180-200 °C**), bis die Oberfläche goldbraun geworden ist. Nun eine zweite Schicht auf die erste streichen, wiederum kurz backen, dann die dritte Schicht aufstreichen und backen. So weiter verfahren, bis der gesamte Teig aufgebraucht ist. Die gesamte Backzeit beträgt ca. 60 bis 70 Minuten. Jeweils 3 Teigschichten aus der Form nehmen und mit Gelee mit den weiteren Teigschichten zusammensetzen. Den fertigen Kuchen mit dunkler Schokoladenglasur überziehen.

Der Baumkuchen heißt so, weil er an den Stamm eines Baumes erinnert. Wenn man den Kuchen aufschneidet, kann man innen Ringe sehen, wie sie auch ein echter Baum hat. Konditoren backen ihn auf einer sich drehenden Walze, über die der Teig gegossen wird, bis eine Schicht von etwa 8 cm „gewachsen" ist.

Prasselkuchen

600 g TK-Blätterteig
1 Eigelb
1 EL Wasser
Für die Streusel
250 g Mehl
150 g Butter
125 g Zucker
1 Pck. Vanillezucker
1/2 TL Zimt
Puderzucker
Zitronensaft

Backblech mit kaltem Wasser bespritzen. Aufgetaute Blätterteigscheiben dicht nebeneinander darauf legen. Eigelb mit Wasser verrühren. Teig damit bestreichen, Kanten frei lassen.

Für die Streusel Mehl, Butter, Zucker, Vanillezucker und Zimt rasch verrühren. Mit nassen Händen Streusel formen und auf den Teig streuen. Den Ofen vorheizen (**E-Herd: 200 °C** / **Umluft: 180 °C**) und Kuchen etwa **35 Minuten** backen, bis der Teig blättrig und die Streusel goldbraun sind. Kurz abkühlen lassen, noch warm mit einem Sägemesser in Stücke teilen. Nach Belieben mit Zuckerglasur verzieren. Hierfür Puderzucker sieben und mit Zitronensaft dickflüssig anrühren.

Schokoladenküchlein

- *40 g gehackte Walnüsse*
- *150 g Zartbitterschokolade*
- *100 g Butter*
- *80 g Puderzucker*
- *3 Eier*
- *50 g Mehl*
- *200 ml Schlagsahne*
- *1 EL Vanillezucker*
- *1/2 TL Zimt*

Walnüsse in einer beschichteten Pfanne rösten. 4 kleine Förmchen oder Gläschen einfetten und mit wenig Zucker ausstreuen. Schokolade grob hacken und im heißen Wasserbad schmelzen. Weiche Butter und Puderzucker schaumig schlagen. Eier einzeln unterrühren. Mehl dazu sieben und mit Walnüssen und Schokolade unterrühren.

Den Teig in die Förmchen oder Gläschen füllen und im vorgeheizten Backofen (**E-Herd: 180 °C** / **Umluft: 160 °C**) etwa **15** bis **20 Minuten** backen, der „Kern“ sollte noch flüssig sein. Sahne mit Vanillezucker und Zimt steif schlagen und zu den Schokoküchlein servieren.

Dresdner Schokokuchen

Für den Teig

300 ml Milch
2 Tassen Espresso à 40 ml
1 Pck. Minztäfelchen (200 g)
3 Eier
80 g Zucker
350 g Mehl
1/2 Pck. Backpulver
80 g gehackte Pistazien

Für die Dekoration

Kuvertüre (zartbitter)
Pfefferminze

Milch in einem Topf erwärmen. Espresso zubereiten und zur Milch geben. Minztäfelchen in der Espresso-Milch schmelzen, kurz abkühlen lassen.
In einer Schüssel Eier mit Zucker schaumig schlagen, Minz-Schokoladen-Milch vorsichtig unterrühren. Mehl mit Backpulver und Pistazien mischen, einrieseln lassen und alles zu einem cremigen Teig rühren.
Teig in eine gefettete Kastenform füllen und im vorgeheizten Backofen (**E-Herd: 180 °C** / **Umluft: 160 °C**) ca. **55 Minuten** backen. Nach 50 Minuten mit Alufolie abdecken. Je nach Wunsch mit dunkler Kuvertüre überziehen und mit Pfefferminze verzieren.

Kaffeetante *(1 Portion)*

125 ml Espresso, gekocht
125 ml Sahne (10 %), frisch
2 EL Zucker, gehäuft 2 cl
Weinbrand, alternativ Cognac
1/2 TL Vanillezucker

Espresso und Sahne getrennt aufkochen. Zucker in den Espresso und Vanillezucker in die Sahne geben. Beides vermischen und kurz aufschäumen. Den Weinbrand in eine erwärmte große Tasse geben und darüber die Kaffee-Sahne gießen.

Mohnkuchen

Für den Teig

375 g Mehl

1 Würfel Hefe

75 g Zucker, Salz

2 EL Milch

150 g Butter

1 Pck. Zitronenaroma

Für den Belag

750 g säuerliche Äpfel

2 EL Zucker, 1/2 TL Zimt

250 g Rosinen

2 Pck. Mohnmasse (backfertig)

2 Eier, 200 g Butter

100 g gehackte Haselnüsse

Für die Streusel

200 g Mehl

100 g Zucker, Zimt

150 g Butter

Für die Glasur

250 g Puderzucker

1 Fl. Rumaroma

2 EL Wasser

Mehl in eine Schüssel sieben. Hefe zerbröckeln, mit Zucker, einer Prise Salz und etwas lauwarmer Milch verrühren und in die Mitte des Mehls geben. Zugedeckt an einem warmen Ort etwa 30 Minuten gehen lassen. Butter erwärmen und mit dem Zitronenaroma zum Vorteig geben. Alles so lange kneten, bis ein glatter, glänzender Teig entsteht. Nochmals warm stellen und weitere 40 bis 50 Minuten gehen lassen, bis sich das Teigvolumen in etwa verdoppelt hat.

Während der Teig aufgeht, die Äpfel schälen, grob raspeln und mit Zucker und Zimt bestreuen, mit den Rosinen vermischen. Dann den Mohn mit den Eiern, der flüssigen Butter und den Haselnüssen verrühren.

Den Hefeteig auf einem gefetteten Backblech ausrollen, die Äpfel darauf streuen, dann die Mohnmasse darüber verteilen. Die Zutaten für die Streusel gut vermischen, Streusel über dem Kuchen verteilen. Den Teig unter einem Tuch bei Zimmertemperatur noch einmal ca. 20 Minuten gehen lassen, dann im vorgeheizten Ofen (**E-Herd: 200 °C / Umluft: 180 °C**) ca. **35 Minuten** backen. Die Glasurzutaten verrühren und den noch heißen Kuchen damit bestreichen. Auskühlen lassen.

Kartoffelkuchen

Für den Hefeteig

500 g Mehl

30 g Hefe

125 g Zucker

1/4 l Milch

250 g geriebene Kartoffeln

100 g Sultaninen

125 g Margarine

50 g gehackte Mandeln

30 g Zitronat

1 Pck. Vanillezucker

abgeriebene Schale von 1/2 Bio-Zitrone

Salz

Für den Belag

125 g Butter

100 g Zucker

1-2 TL Zimt

Aus Mehl, Hefe, Zucker und Milch einen Vorteig bereiten, diesen an einem warmen Ort gehen lassen. Restliche Zutaten zugeben und einen geschmeidigen Hefeteig kneten. Nochmals gehen lassen, bis sich das Volumen in etwa verdoppelt hat. Teig noch einmal kneten, dann auf einem gefetteten Blech ca. 7 mm dick ausrollen. Mehrmals mit der Gabel einstechen.

Für den Belag die Hälfte der Butter schmelzen, auf den Teig streichen, kleine Vertiefungen eindrücken.

Restliche Butter in Flöckchen darüber verteilen. Mit Zucker und Zimt bestreuen. Weitere 15 Minuten gehen lassen.

Ofen vorheizen (**E-Herd: 200 °C** / **Umluft: 180 °C**) und Kuchen **20** bis **25 Minuten** backen. Noch warm mit Zucker bestreuen.

„Wie heeßdn eechendlich Ihr Gleener?" "Gindr." "Wie gonndn Se dähm bloß so ä Nahm gähm! Wenn Se nu mal Gindr rufn, da gomm doch alle meechlichn Gindr, bloß nich Ihr Gindr!"

Oybiner Topfkuchen

4 Eier

200 g Zucker

250 g Butter

400 g Mehl

2 TL Backpulver

Saft und abgeriebene Schale von 1 Bio-Orange

200 ml Milch

40 g Kakao

Semmelbrösel

50 g Kandiszucker

Zucker- oder Schokoglasur

Eier trennen, Eiweiß steif schlagen. Eigelb und Zucker weißschaumig schlagen, die weiche Butter unterrühren. Mehl und Backpulver vermischen und mit dem Orangensaft, der Orangenschale und der Milch nach und nach zugeben. Zuletzt den Eischnee unter den Teig heben. Ein Drittel des Teiges abnehmen und Kakao einrühren.

Eine Napfkuchenform fetten und mit Semmelbrösel bestäuben. Erst den hellen Teig einfüllen, dann den dunklen Teig darauf geben und mit einer Gabel spiralförmig durchziehen. Kuchen mit dem Kandiszucker bestreuen und im vorgeheizten Backofen (**E-Herd: 200 °C** / **Umluft: 175 °C**) ca. **50 Minuten** backen. Den Kuchen auf einem Kuchengitter auskühlen lassen. Abschließend mit Glasur überziehen.

Weihnachtsstollen

2 kg Mehl
150 g Hefe
1/2 l Milch
100 g Butterschmalz
100 g Talg
800 g Margarine
850 g Sultaninen
150 g geriebene Mandeln
Bittermandelaroma
100 g Zitronat
abgeriebene Schale von 1 Bio-Zitrone
330 g Zucker
20 g Salz
1/4 TL Muskat

Zum Bestreichen

400 g Butter
125 g klarer Zucker
125 g Puderzucker
1 Pck. Bourbon-Vanillezucker

Alle Zutaten am Abend vor dem Backen in einen warmen Raum stellen. Am nächsten Tag das Mehl sieben, eine Vertiefung in die Mitte drücken und die mit einem Teil der handwarmen Milch verrührte Hefe hineingeben. Den gekneteten Vorteig an einem warmen Ort 30 Minuten gehen lassen.

Inzwischen die übrigen Zutaten mit dem restlichen Mehl gut durchkneten. Dabei den Talg hobeln, mit der Margarine erhitzen und flüssig dazugeben. Zum fertigen Teig das Hefestück geben und alles so lange kneten, bis der Teig nicht mehr an den Händen klebt und schön glänzt. Damit das Fett nicht austritt, den Teig zwar warm, aber nicht zu nah an den Ofen stellen. Mindestens 2 Stunden gehen lassen.

500 bis 1000 g schwere Stücke abwiegen, jedes Stück noch einmal durchkneten. Dann zu länglichen Broten formen und längs 1 cm tief einkerben. Die Stollen bei guter Mittelhitze (**E-Herd: 200 °C** / **Umluft: 180 °C**) ca. **1 Stunde** backen.

Noch heiß buttern und mit klarem Zucker bestreuen, ein wenig abgekühlt erneut buttern und dick mit Puderzucker besieben. Ausgekühlte Stollen in Papier einschlagen und in Folie oder Kartons kühl lagern.

Weihnachten 2013 ging ein Wirbel durch die britische Presse, weil die dortigen Geschäfte bis zu 50 Prozent mehr Stollen verkauften. Man fürchtete, dass der Kuchenlaib das traditionelle britische Gebäck verdrängen werde. Aber den „Schutzverband Dresdner Stollen e. V." freute die Nachricht, er sah darin ein Kompliment für sein Bäckerhandwerk.

Dabei halten sich die Dresdner heute beileibe nicht mehr an das Originalrezept, das noch vollkommen ohne Butter auskommen musste. Vor Weihnachten war früher nämlich Adventsfasten angesagt, bis sich Kurfürst Ernst von Sachsen 1650 an den Papst wandte und um die Aufhebung des Butterverbots bat. Der Papst antwortete freundlich mit dem sogenannten „Butterbrief", demnach die Bäcker künftig gegen ein „Bußgeld" für Kirchenzwecke statt Rübenöl Butter im Christstollen verarbeiten dürften. Seitdem gab es kein Halten mehr, und zahlreiche Lobeshymnen auf das süße Symbol der christlichen Tradition – das in Windeln gewickelte Kind – sind überliefert.

Auch der lebenslustige Theaterdichter Gotthold Ephraim Lessing liebte den Christstollen, weshalb ihm sein Vater, Pfarrer in Kamenz, ein Exemplar nach Leipzig schickte. Der Sohn verzehrte den Stollen allerdings nicht, wie von den Eltern angenommen, im stillen Kämmerlein, sondern teilte ihn bei einem Gelage mit der Bühnentruppe um die Theaterleiterin Friederike Caroline Neuber, genannt die Neuberin.

Typisch: *Stollen benötigen ausreichend Zeit, um ihr Aroma zu entfalten, können also rechtzeitig vor Weihnachten, durchaus drei bis vier Wochen vorher ohne Stress gebacken werden. Gut verpackt halten sie mehrere Wochen. Bei zu viel Zucker bräunt der Stollen zu rasch und läuft in die Breite. In einen Stollen gehören niemals Eier – die machen ihn trocken.*

Stollen – phantasievoll variiert

400 g Butter
200 ml Milch
2 Würfel frische Hefe (à 42 g)
1 kg Mehl
150 g Zucker
1/2 TL Salz
1 TL Zimt
1/2 TL gemahlener Anis
1 Msp. gemahlene Gewürznelken
1 Msp. Kardamom
abgeriebene Schale von 1 Bio-Orange
150 g getrocknete Feigen
100 g Walnusskerne
100 g Mandelkerne
100 g Haselnusskerne
60 g Pinienkerne
350 g Puderzucker
100 ml Rotwein
kandierte Orangen, Anissterne
Gold- und Silberperlen zum Verzieren

Butter schmelzen. Milch erwärmen, etwas abkühlen lassen und die Hefe darin auflösen. Mehl, Zucker, Salz, Zimt, Anis, Nelken, Kardamom und Orangenschale mischen. Hefemilch und Butter mit den Knethaken des Handrührgerätes unterkneten. Anschließend mit den Händen zu einem glatten Teig verkneten. Eventuell noch etwas Mehl zugeben. Der Teig soll glänzen und darf nicht mehr an den Händen kleben.
Zugedeckt an einem warmen Ort ca. 1 Stunde gehen lassen. Inzwischen Feigen klein schneiden. Walnüsse grob hacken. Die Fettpfanne des Backofens gut fetten. Teig mit Feigen, Walnüssen, Mandeln, Haselnüssen und Pinienkernen verkneten. Nochmals 30 Minuten gehen lassen. Dann auf einer bemehlten Arbeitsfläche in der Größe der Fettpfanne ausrollen. Teig in das Blech legen. Zugedeckt an einem warmen Ort weitere 15 Minuten ruhen lassen.
Im vorgeheizten Backofen (**E-Herd: 175 °C** / **Umluft: 150 °C**) **25** bis **35 Minuten** backen. Auf einem Kuchengitter auskühlen lassen. Puderzucker mit Rotwein glatt rühren. Auf den Kuchen streichen und trocknen lassen. Stollen in Stücke schneiden, mit kandierten Orangen, Anissternen und Zuckerperlen verzieren.

Wer sich zu DDR-Zeiten für das Pfund Kaffee im Westpaket revanchieren wollte, schickte den Verwandten in der Bundesrepublik typischerweise einen Dresdner Stollen. Doch die steigende Nachfrage bescherte der DDR-Wirtschaft Probleme, da auch Zutaten wie Mandeln, Rosinen oder Zitronat teuer importiert werden mussten.

Devisenbeschaffer Alexander Schalck-Golodkowski plante 1978 ernsthaft ein Stollenschenkverbot, konnte sich damit aber nicht durchsetzen. So musste die staatliche Forschung einspringen: Mit deren Hilfe wurde unter anderem ein Zitronat-Ersatz entwickelt, für den grüne Tomaten die Grundlage bildeten. Das Imitat fand sich dann als „Kandinat T" in den Einkaufsregalen. Selbst Rosinen sollten durch gezuckerte Apfelstückchen ersetzt werden, doch die Wissenschaftler waren mit dem Geschmack des Experiments nicht zufrieden – zum Glück.

Äwas Feines fürs Gränzchen

Torten

Wer in Sachsen „condiddern" ging, begab sich keinesfalls in die Küche, um zu backen, nein, die naschsüchtige Damenwelt machte sich hübsch und traf sich mit Freundinnen zum „Gränzchen": zum Plaudern und Genießen im bevorzugten Café der Stadt. Bereits Ende des 18. Jahrhunderts hatten die Frauen die gehütete Männerdomäne der Kaffeehäuser für sich entdeckt. Nun standen nicht mehr Billardspielen und Politisieren beim Kaffeegenuss im Vordergrund, jetzt traten Klatsch und Tratsch ihren Siegeszug an. Und natürlich bewährten sich die Cafés als ideale Orte, sich zu zeigen und gesehen zu werden.

Nicht nur Dresden und Leipzig boten dafür ausreichend Gelegenheit. Auch in den Vororten und kleineren Städten erkannten Bäckermeister und Konditoren schnell das Potenzial, das die Verbindung von frischen, verführerischen Backwaren und Sitzplätzen vor Ort mit Kaffeeausschank bot – glücklich, wer Zuckerbäcker, Konditor und Kaffeehausbesitzer in Personalunion war. Spätestens da festigten die Sachsen ihren Anspruch, die Backstube Deutschlands zu sein. Bis heute bestehen sie darauf, so beliebte Versuchungen wie die Quark-Sahne-Torte, ja sogar die Schwarzwälder Kirschtorte oder den Frankfurter Kranz bekannt gemacht zu haben.

Ob es wirklich die damals noch zum wettinischen Besitz gehörenden Altenburger waren, denen deutsche Schleckermäuler die unwiderstehliche Verbindung von Schlagsahne, Quark und Zitronenaroma verdanken, wird sich wohl nicht endgültig klären lassen. Zum ersten Mal nachweisbar jedoch erscheint das Rezept für Sauerkirschen in Sahne zwischen Schokoladenbiskuit-Schichten 1934 im Lehrbuch des Direktors der internationalen Konditoreifachschule Dresden-Radebeul, Erich Weber. Dass die Schwarzwälder Kirschtorte vermutlich in der Schweiz ersonnen wurde und mit dem Schwarzwald wenig gemein hat, ist da nur eine Randnotiz der Geschichte.

Kaffeetorte

Für den Boden

- *4 Eier*
- *50 g Butter*
- *150 g Puderzucker*
- *225 g Mehl*
- *1 Pck. Backpulver*
- *1/8 l starker Bohnenkaffee*
- *50 ml Milch*

Für die Creme

- *2 EL Stärkemehl*
- *1/8 l Milch*
- *2 EL Schlagsahne*
- *70 g Butter*
- *70 g Puderzucker*
- *1 Eigelb, 1 Pck. Vanillezucker*
- *3 EL gemahlene Mandeln*

Für die Glasur

- *200 g Puderzucker*
- *1 Eiweiß*
- *Kaffeelikör*
- *Mokkabohnen oder kleine Pralinen*

Für den Teig die Eier trennen, Eigelb, Butter und Puderzucker schaumig schlagen. Mehl mit Backpulver vermischen und über den Eierschaum sieben. Langsam unterrühren, dann auf höchster Stufe ca. 5 Minuten cremig rühren, dabei den abgekühlten Kaffee und die Milch zugeben. Die Eiweiß zu steifem Schnee schlagen und vorsichtig unterheben.
Teig in eine gut gebutterte Springform füllen und im vorgeheizten Ofen (**E-Herd: 200 °C / Umluft: 180 °C**) **40 Minuten** backen. Auskühlen lassen und quer durchschneiden.
Für die Creme das Stärkemehl in wenig Milch anrühren. Restliche Milch mit Sahne erhitzen, das angerührte Stärkemehl unterrühren und kurz aufkochen lassen. Masse abkühlen lassen. Weiche Butter, Puderzucker, Eigelb, Vanillezucker und Mandeln einrühren und cremig schlagen. Unteren Tortenboden mit der Creme bestreichen. Oberen Boden in 12 Stücke schneiden und auf die Creme setzen. Etwas andrücken.
Für die Glasur Puderzucker mit Eiweiß und Likör zu einer dickflüssigen Masse verrühren und die Torte damit gleichmäßig überziehen. Mit Mokkabohnen oder kleinen Pralinen dekorieren.

Espresso-Torte

Für den Teig

3 Eier

100 g Zucker

3 EL Mehl

1 Msp. Zimt

1 EL Kakao

1 TL Backpulver

Für die Creme

10 Blatt weiße Gelatine

5 TL lösliches Espressopulver

1 kg Joghurt (3,5 % Fett)

125 g Zucker

Eier, 100 g Zucker und 2 Esslöffel heißes Wasser mit dem Rührgerät zu einer dicklichen, weißschaumigen Creme aufschlagen. Mehl, Zimt, Kakao und Backpulver mischen und auf den Eischaum sieben, vorsichtig unterheben.

Den Boden einer Springform mit Backpapier auslegen und den Biskuitteig einfüllen, glatt streichen und im vorgeheizten Backofen (**E-Herd 180 °C / Umluft: 160 °C**) etwa **20 Minuten** backen.

Inzwischen die Gelatine in kaltem Wasser einweichen. Espressopulver in 3 Esslöffel sehr heißem, aber nicht kochendem Wasser auflösen. Gelatine ausdrücken und unter Rühren im Espresso lösen.

Den Joghurt mit dem Zucker sehr cremig rühren, 2 Esslöffel davon in die Espresso-Gelatine-Mischung rühren und diese anschließend zügig unter den Joghurt mischen.

Nach dem Backen den Rand der Springform lösen und den Tortenboden auf einem Kuchengitter auskühlen lassen. Dann Tortenring um den Boden legen und die Espressocreme einfüllen. Für mindestens 4 Stunden (am besten über Nacht) kalt stellen.

Die Espresso-Torte mit einem Messer vorsichtig vom Rand lösen. Mit Kakao bestäuben und servieren.

„Kommst du noch auf einen Kaffee mit?" Eigentlich eine harmlose Frage, aber Umfragen zufolge empfinden viele Sachsen dieses Angebot nach einem ersten Rendezvous als Aufforderung zum Liebesspiel. Zwischen Kaffeekultur und Fleischeslust besteht seit jeher eine bemerkenswerte Verbindung. Anfangs waren sächsische Kaffeehäuser Kontaktbörsen und „Kuppelstuben", Treffpunkte für „Freudenmädchen" und Künstler. Ihr Ruf hat sich verbessert, aber sie sind auch heute noch Orte der sozialen Beziehungen. Man ist nicht zu Hause und doch nicht an der frischen Luft. Man plaudert und amüsiert sich unter seinesgleichen – oder man schweigt sich gemeinsam über etwas aus: Werden im Café Affären eingefädelt, so werden viele Liebesverhältnisse hier auch wieder gelöst.

Das wusste auch der aus Dresden stammende Dichter Erich Kästner, dem die Liebe zu seiner Flamme Ilse Julius „plötzlich abhanden" kam. Das beschrieb er 1928 in seinem berühmten Gedicht „Sachliche Romanze" ziemlich kaffeesächsisch: „Sie gingen ins kleinste Café am Ort / und rührten in ihren Tassen. / Am Abend saßen sie immer noch dort. / Sie saßen allein, und sie sprachen kein Wort / und konnten es einfach nicht fassen."

Café Cosel *(4 Portionen)*

100 g Zartbitterschokolade
200 g süße Sahne
1/4 TL Zimt, gemahlen
4 Msp. Kardamom, gemahlen
3/4 l starker Kaffee, frisch gebrüht
Zucker nach Belieben
100 ml Milch

Von der Schokolade ca. 1 Esslöffel für die Garnitur fein abreiben und beiseite stellen. Die restliche Schokolade mit einem Messer in grobe Stücke schneiden oder hacken. Die Sahne erhitzen, aber nicht zum Kochen bringen. Die Schokolade unter Rühren in der Sahne auflösen, mit Zimt und Kardamom würzen. Den Kaffee unterrühren und die Mischung in vorgewärmte Gläser gießen. Nach Belieben zuckern. Die Milch erwärmen, schaumig aufschlagen und auf den Kaffee geben. Mit der geriebenen Schokolade garnieren.

Meißner Quarktorte

6 Eier
125 g Butter
400 g Zucker
1 Pck. Bourbon-Vanillezucker
1 Bio-Zitrone
1 kg Quark
100 g Grieß, 1 EL Mehl
1 Pck. Backpulver, Salz
Butter, Puderzucker

Die Eier trennen. Sehr weiche Butter mit dem Eigelb schaumig schlagen, dabei Zucker, Vanillezucker, abgeriebene Zitronenschale und den Saft der Zitrone einrühren. Quark abtropfen lassen und durch ein feines Sieb in die Ei-Butter-Zucker-Masse streichen, Grieß und das mit dem Backpulver gesiebte Mehl darunter schlagen. Zuletzt den leicht gesalzenen steifen Eischnee unterheben und alles in eine mit Backpapier ausgelegte Springform geben. Bei Mittelhitze (**E-Herd: 180 °C** / **Umluft: 160 °C**) etwa **60 Minuten** backen. In der Form abkühlen lassen. Noch heiß mit zerlassener Butter bestreichen, mit Staubzucker besieben.

Buttermilch-Zitronen-Torte

Für den Boden

150 g Knuspermüsli

120 g Butter

Für die Creme

1/2 l Buttermilch

500 g Joghurt

80 g Zucker

2 Bio-Zitronen

10 Blatt Gelatine

200 ml Schlagsahne

je 2 Nektarinen und Pfirsiche

Schokoröllchen

Für den Boden Knuspermüsli etwas kleiner hacken, die Butter zerlassen und abgekühlt mit dem Müsli verkneten. Teigmasse auf dem Boden einer mit Backpapier ausgelegten Springform andrücken und ca. 30 Minuten kalt stellen.

Inzwischen für die Creme Buttermilch, Joghurt, Zucker sowie Saft und Schale einer Zitrone verrühren. Gelatine nach Packungsanweisung einweichen, auflösen und unter die Buttermilchcreme rühren. Sahne steif schlagen. Sobald die Creme zu gelieren beginnt, die Sahne unterziehen. Ein knappes Drittel der Creme auf dem Boden verteilen. Boden mit einem Tortenring umlegen. Nektarinen und Pfirsiche waschen, Pfirsiche häuten, das Fruchtfleisch vom Stein und in sehr kleine Würfel schneiden. Fruchtwürfel auf dem Boden verteilen.

Restliche Creme auf den Früchten verteilen, glatt streichen und weitere ca. 3 Stunden kalt stellen. Zitrone gründlich waschen, trocken tupfen, in dünne Scheiben schneiden. Torte mit den Zitronenscheiben und nach Wunsch mit Schokoröllchen garnieren.

Manche Velker, 's is ne Sinde,
Drinken Gaffee dick wie Dinde.
Eene Bohne schon geniegt,
Dass sich's Sachsenherz vergniegt.
Bliemchen alias Edwin Bormann

Heidelbeer-Quark-Torte

Für den Boden

- *200 g Löffelbiskuit*
- *2 EL Heidelbeeren*
- *100 g Butter*

Für den Belag

- *12 Blatt weiße Gelatine*
- *150 g Blaubeeren*
- *500 g Magerquark*
- *200 g saure Sahne*
- *70 g Zucker*
- *300 ml Schlagsahne*
- *Blaubeeren zum Garnieren*

Löffelbiskuit zerbröseln und mit Heidelbeeren vermischen. Die Butter schmelzen und unterrühren, so dass eine bröselige Masse entsteht. Die Masse in eine mit Backpapier ausgelegte Springform geben und als Tortenboden festdrücken. Kalt stellen.

Gelatine in kaltem Wasser einweichen. 100 g Heidelbeeren in einem Topf kochen, bis sie aufplatzen. Anschließend durch ein Sieb passieren und das Beerenmark auskühlen lassen. Den Quark mit saurer Sahne und Zucker in einer Schüssel mischen. Die Gelatine in einem kleinen Topf auflösen und mit etwas Quarkmasse mischen. Die restliche Quarkmasse zusammen mit dem Heidelbeermark und den restlichen Beeren untermischen. Die Sahne steif schlagen. Wenn die Quarkmasse zu gelieren beginnt, die Sahne unterziehen. Quark-Sahne auf den gekühlten Boden streichen und mindestens 3 bis 4 Stunden kühlen. Mit Beeren garniert servieren.

Je nach Angebot und Jahreszeit können Sie auch andere Beeren verwenden. Lecker ist diese Torte auch mit Johannisbeeren oder Brombeeren.

Kokos-Limetten-Törtchen

Für den Teig

- *25 g Butter*
- *4 Eier*
- *50 g Zucker*
- *Salz*
- *75 g Mehl*
- *3 EL Kokosraspel*

Für die Creme

- *3 Eier*
- *100 g Zucker*
- *150 ml Milch*
- *5 Blatt Gelatine*
- *2 Bio-Limetten*
- *125 g Magerquark*
- *1/8 l Schlagsahne*
- *Puderzucker*

Butter in einem Topf schmelzen, etwas abkühlen lassen. Eier mit Zucker und einer Prise Salz mit dem Rührgerät auf höchster Stufe etwa 7 Minuten weißcremig aufschlagen. Mehl in eine Schüssel sieben, mit den Kokosraspeln mischen und mit einem Schneebesen unter die Eicreme heben. Die flüssige Butter untermischen.

Ein Backblech mit Backpapier auslegen und den Teig aufstreichen. Im vorgeheizten Ofen (**E-Herd: 180 °C / Umluft: 160 °C**) auf der zweiten Schiene von unten **10 bis 12 Minuten** backen.

Ein Küchentuch mit 2 Esslöffel Zucker bestreuen. Boden mit dem Papier vom Blech nehmen und mit dem Papier nach oben auf das Tuch legen. Das Papier mit etwas Wasser einpinseln. Kurz warten und dann das Papier vorsichtig abziehen.

Aus dem noch warmen Boden etwa 8 Kreise (Ø 10 cm) ausstechen. Mit Frischhaltefolie abdecken und beiseite legen.

Die Eier trennen. Gelatine in kaltem Wasser einweichen. Eigelb mit der Hälfte des Zuckers cremig schlagen. Die Milch bis kurz vor dem Siedepunkt erhitzen; nach und nach unter die Eigelbmasse rühren. Die Masse in einer Schüssel über einem heißen Wasserbad unter ständigem Rühren erhitzen, bis sie cremig wird. Gelatine gut ausdrücken, in der heißen Eigelbcreme unter Rühren auflösen und 5 Minuten abkühlen lassen.

Eine Limette waschen und trockenreiben, Schale abreiben. Beide Limetten auspressen und 8 Esslöffel Saft abmessen. Quark sowie Limettenschale und -saft unter die Eigelbcreme rühren. Die Masse im Kühlschrank etwa 45 Minuten kalt stellen, bis sie beginnt, fest zu werden; nach 20 Minuten einmal umrühren. Eiweiß zu steifem, schnittfesten Schnee aufschlagen, Sahne ebenfalls steif schlagen, dabei den restlichen Zucker einrieseln lassen. Erst die Sahne, dann den Eischnee unter die Ei-Quark-Mischung heben.

Die ausgestochenen Böden in 8 Ringausstecher (Ø 10 cm) legen oder aus Alufolie kleine Tortenringe falten und um die Kreise legen. Die Quark-Sahne-Mischung einfüllen und glatt streichen. Für 2 bis 3 Stunden kalt stellen. Vor dem Servieren aus den Ringen lösen und nach Belieben mit Puderzucker bestäuben.

Kaffee Frappé *(1 Portion)*

50 ml Milch

50 ml Wasser

2 Becher Mokka-Eis

Alle Zutaten in den Mixer geben und gut mischen.

Rhabarbertorte

Für den Belag

- *1 kg Rhabarber*
- *300 g Zucker*

Für den Boden

- *100 g Butter*
- *70 g Zucker*
- *1 Ei*
- *2 EL Zitronensaft*
- *250 g Mehl*
- *2 TL Backpulver*

Für den Guss

- *125 g saure Sahne*
- *2 Eier*
- *50 g Zucker*
- *1 TL Zimt*
- *50 g gemahlene Mandeln*
- *Puderzucker zum Bestäuben*
- *Schlagsahne*

Den Rhabarber wenn nötig abziehen, waschen, abtropfen lassen und in 3 cm lange Stücke schneiden. Die Stücke zusammen mit dem Zucker in einer Schüssel 60 Minuten ziehen lassen.

Für den Boden Butter und Zucker schaumig rühren, Ei und Zitronensaft unterrühren.

Mehl und Backpulver vermischen, zugeben und alles zu einem geschmeidigen Teig verarbeiten. Den Teig zugedeckt 30 Minuten kühl gestellt ruhen lassen.

Eine Springform einfetten, den Teig auf Bodengröße ausrollen und in die Form geben, dabei einen etwa 3 cm hohen Rand hochziehen. Die Rhabarberstücke auf einem Sieb abtropfen lassen (den Saft anderweitig verwenden) und auf dem Teig verteilen.

Den Kuchen im vorgeheizten Ofen (**E-Herd: 180 °C** / **Umluft: 160 °C**) auf der mittleren Schiene rund **40 Minuten** backen.

Inzwischen für den Guss saure Sahne, Eier, Zucker, Zimt und Mandeln verquirlen. Den Kuchen herausnehmen, den Guss über den Rhabarber gießen und weitere **20 Minuten** backen.

Den Kuchen abkühlen lassen, mit Puderzucker bestäuben und mit geschlagener Sahne servieren.

Anfang der 1980er Jahre sicherte der Kaffeeimport per Westpaket ein Fünftel des gesamten Kaffeeverbrauchs der DDR und wurde vom Politbüro bei der Bohnenbeschaffung mit einkalkuliert. Weil der Kaffee jenseits des West-Ost-Transfers so kostbar war – der einzelne Bürger gab für seinen geliebten Kaffee im Jahr fast so viel Geld aus wie für Möbel –, wurde der Verbrauch in Cafés und Gaststätten von der „Arbeiter- und Bauerninspektion" genauestens überwacht. Exakt 6,5 Gramm gemahlener Kaffee pro Tasse gehörten in den Brühautomaten der Lokale – nicht mehr und nicht weniger.

Doch auch aus anderen Gründen war das gastronomische Niveau zu dieser Zeit ziemlich am Boden, was der Leipziger Denkmalpfleger Wolfgang Hocquél zu spüren bekam, als er 1981 im traditionsreichen „Arabischen CoffeeBaum" in der Mittagszeit – man war mit der Zubereitung der Speisen beschäftigt – Kaffee bestellte. Der Kellner lachte nur höhnisch. Hocquél entgegnete, es sei ja wohl eine schwache Leistung, dass man im historischen „CoffeeBaum" keinen Kaffee erhalte. Darauf erwiderte der Kellner nur: „Ich weiß gar nicht, was Sie wollen, mein Herr. Im Hotel ‚Zum Löwen' erhalten Sie ja schließlich auch kein Löwenfleisch."

Rhabarber-Erdbeer-Torte

Für den Boden

- *150 g Schoko-Butterkekse*
- *100 g Butter*

Für die Creme

- *300 g Rhabarber*
- *150 g Zucker*
- *1 Pck. Rote-Grütze-Pulver*
- *200 g Erdbeeren*
- *1/2 Zitrone*
- *5 Becher saure Sahne (à 150 g)*
- *14 Blatt Gelatine*
- *200 ml Schlagsahne*

Für die Dekoration

- *12-16 kleine Erdbeeren*
- *weiße Schokolade*
- *Minzblättchen*

Für den Boden die Schoko-Butterkekse zerbröseln und mit sehr weicher Butter verkneten. Auf dem Boden einer mit Backpapier ausgelegten Springform verteilen, andrücken und ca. 30 Minuten kalt stellen.

Inzwischen den Rhabarber waschen, wenn nötig schälen, putzen und in kleine Stücke schneiden. Mit etwa 5 Esslöffel Wasser und 100 g Zucker aufkochen und abgedeckt ca. 10 bis 15 Minuten garen. Rote-Grütze-Pulver mit etwas Wasser anrühren, unter den Rhabarber geben und kurz aufkochen. Erdbeeren waschen, putzen, in kleine Würfel schneiden, zum Rhabarber geben, vom Herd nehmen und abkühlen lassen.

Zitrone auspressen. Saure Sahne, Zitronensaft und restlichen Zucker verrühren. Gelatine nach Packungsanweisung einweichen, auflösen und unter die Saure-Sahne-Creme rühren. Sahne steif schlagen und sobald die Creme zu gelieren beginnt, die Sahne unterheben.

Um den Boden einen Tortenring legen. Creme auf dem Boden verteilen, Rhabarber-Erdbeer-Kompott darauf geben, mit einer Gabel spiralförmig durchziehen. Creme glatt streichen und mindestens 3 Stunden kalt stellen.

Für die Garnitur kleine Erdbeeren waschen und trocken tupfen. Schokolade schmelzen. Torte mit den Erdbeeren und flüssiger Schokolade sowie nach Wunsch mit frischen Minzblättchen verzieren. *Sie können die Torte auch mit Himbeeren zubereiten. Diese aber nicht mit aufkochen.*

Johannisbeer-Mandel-Torte

Für den Teig

4 Eier

125 g Zucker

75 g gemahlene Mandeln

50 g Speisestärke

1 TL Backpulver

Für die Creme

1 Bio-Zitrone

7 Blatt Gelatine

400 ml Buttermilch

100 g Zucker

200 ml Schlagsahne

500 g rote Johannisbeeren

Eier trennen. Eigelb mit Zucker schaumig aufschlagen. Eiweiß steif schlagen. Mandeln mit Speisestärke und Backpulver vermischen und unter den Eischnee heben. Teig in eine mit Backpapier ausgelegte Springform füllen und im vorgeheizten Ofen (**E-Herd 180 °C** / **Umluft: 160 °C**) auf der mittleren Schiene ca. **25 Minuten** backen, gut auskühlen lassen. Tortenring um den Boden legen.

Zitronenschale abreiben und Saft auspressen. Für den Belag Gelatine nach Packungsanweisung einweichen und auflösen. Buttermilch mit Zucker, Zitronensaft und -schale verrühren und Gelatine untermischen. Sahne steif schlagen.

Johannisbeeren von den Rispen abstreifen, einige Rispen zur Dekoration beiseite legen. Wenn die Buttermilchmasse zu gelieren beginnt, Johannisbeeren und Sahne vorsichtig unterheben. Masse auf den Mandelboden geben und mindestens 3 Stunden kalt stellen. Mit Johannisbeerrispen garniert servieren.

Beeren-Baiser-Eistorte

200 g Baiser
4 Eier
2 Pck. Vanillezucker
100 g Zucker
1/2 l Schlagsahne
2 Pck. Sahnesteif
1 Vanilleschote
100 g Zartbitterschokolade
400 g frische Beeren (z. B. Erdbeeren, Himbeeren, Blaubeeren)

Baiser grob zerbröseln und in zwei Portionen teilen. Eier trennen, Eigelb mit Vanillezucker und Zucker schaumig schlagen. Sahne mit Sahnesteif und dem ausgekratzten Mark der Vanilleschote steif schlagen. Eiweiß ebenfalls steif schlagen. Sahne, Eiweiß und eine Portion Baiserbrösel vorsichtig unter die Eigelbmasse ziehen.
Schokolade grob hacken. Beeren verlesen, eventuell waschen und vorsichtig mit der Schokolade unter die Creme heben. Creme in eine mit Backpapier ausgelegte Springform geben, mit dem übrigen Baiser abdecken und mindestens 24 Stunden gefrieren.
Nach Wunsch die Torte mit frischen Beeren garnieren, ca. 20 bis 30 Minuten antauen lassen und servieren.
Verwenden Sie unbedingt ganz frische Eier!

Kater-Kaffee *(4 Portionen)*

1/2 l Wasser
6 TL Kaffee, gemahlen
4 cl Cherry Brandy
4 cl Weinbrand
2 EL Sahne, 2 TL Zucker
4 Eiswürfel

Den Kaffee in einen Filter geben und kochendes Wasser aufgießen. Kaffee mit einem Tuch abgedeckt ca. 2 Stunden im Kühlschrank erkalten lassen. Danach in einen Glaskrug gießen. Cherry Brandy, Weinbrand, Sahne, Zucker und Eiswürfel dazugeben. Mit einem langstieligem Löffel ca. 2 Minuten umrühren. In 4 hohe Gläser geben und servieren.

Luisentorte

Für den Teig

- *100 g Zartbitterschokolade*
- *5 Eier*
- *80 g Butter*
- *75 g Zucker*
- *1 Pck. Vanillezucker*
- *1 EL Rum*
- *200 g gemahlene Mandeln*
- *1/2 TL Backpulver*

Für die Füllung

- *1/2 Pck. Puddingpulver (Schokolade)*
- *20 g Zucker*
- *1/4 l Milch*
- *100 g dunkle Trüffelpralinen*
- *120 g Butter*

Für die Dekoration

- *1-2 Riegel weiße Schokolade*
- *175 g Halbbitterkuvertüre*
- *30 g Zucker*
- *Pralinen*

Schokolade reiben und die Eier trennen. Weiche Butter, Zucker, Vanillezucker und Rum schaumig schlagen. Eigelb einzeln unterrühren. Mandeln, Backpulver und Schokolade mischen, unterrühren. Eiweiß steif schlagen und nach und nach unterheben.

Teig in eine gefettete Springform füllen. Im vorgeheizten Backofen (**E-Herd: 175 °C / Umluft: 150 °C**) ca. **35 Minuten** backen. Boden aus der Form lösen, auskühlen lassen.

Puddingpulver, 20 g Zucker und 3 Esslöffel Milch verrühren. Restliche Milch aufkochen, Puddingpulver einrühren und kurz aufkochen. Auskühlen lassen.

Trüffelpralinen in kleine Stücke schneiden. Den Boden quer durchschneiden. 120 g Butter cremig rühren. Pudding esslöffelweise unterrühren. Buttercreme auf den unteren Boden streichen. Trüffelpralinen darauf verteilen. Den zweiten Boden auflegen, leicht andrücken. Torte ca. 1 Stunde kalt stellen.

Schokolade mit einem Sparschäler in Röllchen schneiden. Kuvertüre grob hacken. 30 g Zucker mit 6 bis 7 Esslöffel Wasser aufkochen. Den Topf vom Herd nehmen. Kuvertüre zugeben und rühren, bis der Guss glänzt. Die Torte sofort damit rundum einstreichen. Mit einem Löffel Konturen ziehen. Die Torte mit den Schokoladenröllchen und Pralinen verzieren. Die Torte trocknen lassen und bis zum Servieren kühl stellen.

Frühlingstorte à la Felsche

Für den Boden

300 g Mehl, 25 g Hefe

1/4 l Milch, 150 g Butter

2 EL Zucker

1 Pck. Vanillezucker, Salz

1/2 TL abgeriebene Schale einer Bio-Zitrone

4 Eigelb

Für den Sud

1/4 l Weißwein

4 EL Honig

2 EL Orangenlikör

4 EL Himbeergeist

Für die Füllung

1 kg Rhabarber

375 ml Weißwein

150 g Zucker

1 kg Erdbeeren

Für die Sauce

500 g Johannisbeergelee

4 EL Orangenlikör

200 g Aprikosenmarmelade

Mehl in eine Schüssel sieben und in die Mitte eine Vertiefung drücken. Hefe zerbröckeln, in etwas lauwarmer Milch verquirlen und in die Mulde gießen. Butter in Flöckchen auf dem Rand verteilen, ebenso die übrigen Zutaten für den Teig. Zugedeckt 30 Minuten gehen lassen. Dann von der Mitte aus alles zu einem glatten, glänzenden Teig verkneten. Eine Springform gut buttern, mit Mehl bestäuben und Teig hineingeben. Zugedeckt nochmals 10 Minuten gehen lassen. Im vorgeheizten Ofen (**E-Herd: 225 °C** / **Umluft: 200 °C**) **30 bis 35 Minuten** backen. Kurz abkühlen lassen und auf ein Kuchengitter stürzen.

Inzwischen den Weißwein – am besten einen Elbtal-Riesling – mit Honig und 1/4 l Wasser zum Kochen bringen. Auskühlen lassen. Orangenlikör und Himbeergeist einrühren. Den Tortenboden in den Sud legen und so lange darin lassen, bis alle Flüssigkeit aufgesogen ist. Dabei ein- bis zweimal wenden.

Für die Füllung den Rhabarber putzen, waschen und in kleine Stücke schneiden. Weißwein mit Zucker zum Kochen bringen, den Rhabarber hineingeben und 5 Minuten köcheln lassen. Herausnehmen und in einem Sieb gut abtropfen lassen. Die Erdbeeren waschen, putzen und halbieren.

Das Johannisbeergelee kurz aufkochen und im kalten Wasserbad glatt rühren. Orangenlikör zugeben. Apri-

Sein Kaffeehaus gehörte zu den prächtigsten und elegantesten seiner Zeit; seine Torten, sein Konfekt, sein Eis und die zuckersüßen kandierten Blüten waren buchstäblich in aller Munde. Die Rede ist von dem Leipziger Konditor und Schokoladenfabrikanten Wilhelm Felsche (1798–1867). Pünktlich zur Michaelismesse, am 3. Oktober 1835, öffnete sein „Café français" an der Stelle des ehemaligen Grimmaischen Tors auf dem Augustusplatz. (Die Universität hatte pikanterweise versäumt, sich das frei werdende Stück Grund und Boden zu sichern.) Wer in der Zunft etwas auf sich hielt, schickte seinen Sohn, Schwiegersohn und Gehilfen zu Felsche in die hohe Schule der französischen Kaffeehauskultur. Sein Wahlspruch „Wer nicht strebt, der nicht lebt!" muss dem König zu Ohren gekommen sein, der Wilhelm Felsche zum Hofconditor ernannte.

1914 erzwangen die Kriegslüsternen die Umbenennung in „Café Felsche", weil sie die Würdigung des „Erbfeindes" nicht mehr dulden wollten. Den Namen trug das Café bis zu seiner Zerstörung 1943. Bei der Wiederbebauung des Augustusplatzes im vereinten Deutschland „vergaß" man leider das Caféhaus.

Außerdem

1/4 l Schlagsahne

gezuckerte Veilchenblüten

kosenmarmelade mit 2 Esslöffel Wasser aufkochen und durch ein Sieb streichen. Den Boden aus dem Sud nehmen, mit der Aprikosenmarmelade bestreichen und die Früchte darauf verteilen. Zuletzt die Johannisbeersauce darüber geben. Mit geschlagener Sahne und Veilchenblüten (z. B. online bestellen) garnieren.

Ostertorte

Für die Böden

- *5 Eier*
- *200 g Zucker*
- *150 g Mehl*
- *3 EL Speisestärke*
- *2 EL Butter*
- *3 EL Kakao*

Für die Füllung

- *1/2 l Milch*
- *1 Vanilleschote*
- *60 g Zucker*
- *3 Eigelb*
- *1 Pck. Puddingpulver (Vanille)*
- *500 g Butter*
- *150 g Puderzucker*
- *4 cl Rum*
- *150 g dunkle Kuvertüre*
- *1 Glas Preiselbeeren (200 g)*

Außerdem

- *500 g Marzipan-Rohmasse*
- *Lebensmittelfarbe (rot, gelb, grün)*

Für die Böden Eier mit Zucker schaumig schlagen. Mehl und Speisestärke darüber sieben und unterheben. Butter zerlassen und zum Schluss unterrühren. Ein Drittel der Masse in eine gefettete Springform füllen. Kakao unter den restlichen Teig rühren und ebenfalls in eine vorbereitete Springform füllen. Böden einzeln ca. **20 bis 25 Minuten** backen (**E-Herd 180 °C** / **Umluft: 160 °C**). Aus den Formen nehmen und abkühlen lassen.

Milch, das ausgeschabte Mark der Vanilleschote und die Hälfte des Zuckers zum Kochen bringen. Eigelb mit restlichem Zucker verrühren, etwas Milch zugeben und Puddingpulver unterrühren. In die heiße Milch gießen und einmal aufkochen lassen. Pudding in eine Schüssel füllen, mit Frischhaltefolie abdecken und abkühlen lassen. Butter, 50 g Puderzucker und Rum schaumig schlagen. Nach und nach den kalten Vanillepudding unterrühren. Die Hälfte der Buttercreme mit aufgelöster Kuvertüre vermischen. Den dunklen Boden einmal waagerecht durchschneiden, einen davon auf eine Tortenplatte legen. Einen hohen Tortenring um die Form schließen. Die beiden Buttercremesorten jeweils in einen Spritzbeutel mit glatter Tülle füllen und abwechselnd einen hellen und einen dunklen Ring auf den Boden spritzen, dazwischen Preiselbeeren verteilen. Darauf den hellen Boden setzen, ebenso belegen. Zum Schluss den zweiten dunklen Boden auflegen und die Torte kalt stellen.

Die Dresdner Hausfrau Melitta Bentz trank ihren Kaffee um 1900 gern frisch gebrüht. Weil der Kaffee bei den damals üblichen Brühmethoden aber immer noch Reste von Kaffeesatz enthielt, erfand sie ein Filtergerät: Mit Nägeln durchlöcherte sie einen Messingtopf, legte den Boden mit Löschpapier aus dem Schulheft ihres ältesten Sohnes aus, gab gemahlenen Kaffee darauf und übergoss ihn mit siedendem Wasser. Schon schwebte das gemahlene Pulver nicht mehr durch die Tassen. Als sie das Resultat ihren Freundinnen vorführte, waren sie davon so begeistert, dass Melitta Bentz ihren Mann dazu brachte, in der heimischen Küche mit der Produktion solcher Filter zu beginnen – mit Sicherheit bei einer guten Tasse Filterkaffee. Die Bezeichnung „Filter-Tüte" ist seitdem für das Bentzsche Produkt markenrechtlich geschützt, ähnliche Erzeugnisse dürfen sich nur „Filter-Papier" nennen.

Marzipan-Rohmasse mit dem restlichen Puderzucker verkneten. Mit einem Nudelholz zu einer großen Platte ausrollen und auf die Torte legen, überlappen lassen und einen 1 cm breiten Rand als Abschluss um die Torte legen. Übriggebliebene Buttercreme auf die Torte spritzen. Restliches Marzipan mit Lebensmittelfarbe färben, österliche Figuren ausstechen und die Torte dekorieren.

Feine Erdbeertorte

Für den Boden

5 Eier

125 g Zucker

1 Bio-Orange

125 g Mehl

1 Msp. Backpulver

3 EL Kakao

2 EL Orangenlikör

Für die Füllung

1/2 l Schlagsahne

2 Pck. Sahnesteif

2 TL Vanillezucker

Zucker nach Geschmack

Für den Belag

300 g Erdbeeren

1 Pck. Tortenguss

1 TL Zitronensaft

Zucker nach Bedarf

Eier trennen. Eiweiß zu steifem Schnee schlagen und kühl stellen. Eigelb mit Zucker und etwas abgeriebener Orangenschale zu einer schaumigen, voluminösen Masse aufschlagen. Den Eischnee darauf häufen. Mehl, Backpulver und Kakao mischen, über die Eiermasse sieben und gut unterziehen. Teig in die gebutterte und mit Bröseln ausgestreute Springform füllen, glatt streichen und in **30** bis **40 Minuten** goldgelb backen (**E-Herd: 180 °C** / **Umluft: 160 °C**). Den Boden kurz in der Form abkühlen, dann auf einem Kuchengitter ganz auskühlen lassen. Ausgekühlten Boden einmal durchschneiden.

Unteren Boden auf eine Tortenplatte legen und mit einem Tortenring umlegen. Die Orange auspressen und den Saft mit dem Orangenlikör mischen. Den Tortenboden mit der Hälfte der Flüssigkeit tränken.

Für die Füllung die Schlagsahne mit Sahnesteif, Vanillezucker und weiterem Zucker nach Geschmack sehr steif schlagen. Die Hälfte der Masse auf dem ersten Boden verteilen, glatt streichen und den zweiten Boden auflegen. Diesen ebenfalls mit Orangensaft tränken und mit der restlichen Sahne bestreichen. Die Torte einige Stunden kühl stellen.

Obersten Boden mit halbierten Erdbeeren dicht belegen. Mit Tortenguss dünn überglänzen, kalt stellen.

Erdbeertorte mit Hollerblüten

Für die Dekoration

6-8 gerade aufgeblühte, frisch gepflückte Holunderdolden mit Stängel

6 Eiweiß

700 g Zucker

Für den Teig

6 Eiweiß

300 g Puderzucker

2 EL Zitronensaft

Für den Belag

500 g Erdbeeren

50 g Zucker

1 Pck. roter Tortenguss

1/4 l Schlagsahne

1 EL Zucker

Die Holunderdolden mit Stiel unter kaltem Wasser kurz, aber gründlich abbrausen, in ein Gefäß mit Wasser stellen und trocknen lassen. Eiweiß mit 8 Esslöffel Wasser mit Hilfe einer Gabel so verrühren, dass kein Schaum entsteht. Eventuelle Bläschen abnehmen. Holunderblüten in das Eiweiß tauchen (sehr große Dolden teilen), vorsichtig hin und her bewegen. Dolden herausnehmen, Feuchtigkeit etwas abschütteln und zuerst das Blüteninnere, dann das Äußere mit Zucker bestreuen. Stängel aufspießen (gut eignen sich Rouladennadeln oder aufgebogene Büroklammern) und Dolden über Kopf zum Trocknen aufhängen. Achtung: Die Holunderdolden müssen 3 bis 4 Tage trocknen!

Die Eiweiß zu sehr steifem Schnee schlagen, dabei nach und nach Zucker hineinsieben und Zitronensaft zugeben. Boden einer Springform mit Backpapier auslegen. Eiweißmasse in einen Spritzbeutel mit glatter Tülle füllen und spiralförmig eine gleichmäßige Schicht auf das Papier spritzen. Dann mit einer Sterntülle gleichmäßige Tupfen auf den Rand setzen. Den Baiserboden im Ofen bei ca. **80 °C** etwa **1 Stunde** mehr trocknen als backen. Papier vom Boden lösen, Boden auskühlen lassen.

Erst kurz vor dem Servieren die Erdbeeren auf den Boden schichten, mit Zucker bestreuen. Tortenguss über die Früchte ziehen. Alles mit den Holunderdolden dekorieren und geschlagene Sahne zur Torte reichen.

Sächsische Adventtorte

Für den Teig

6 Eier, 200 g Zucker

1 Pck. Bourbon-Vanillezucker

1 Msp. Zimt

75 g Grieß, 1 EL Kakao

125 g gemahlene Nüsse

250 g Äpfel

Für die Dekoration

Apfelkonfitüre

Zartbitterkuvertüre

Puderzucker, Kokosraspel

Eier schaumig schlagen, dabei Zucker, Vanillezucker und Zimt zugeben. Grieß, Kakao und Nüsse mischen, vorsichtig unter den Eischnee rühren. Die Äpfel schälen, Kerngehäuse entfernen und raspeln. Äpfel unter den Teig heben. Teig in eine mit Backpapier belegte Springform füllen.

Im vorgeheizten Backofen (**E-Herd: 180 °C** / **Umluft: 160 °C**) ca. **30 Minuten** backen. Auf einem Kuchengitter abkühlen lassen.

Die Adventtorte wahlweise mit Apfelkonfitüre und Zartbitterkuvertüre überziehen oder einfach mit Puderzucker und Kokosraspel bestreuen.

Sächsische Ode

Ein jeder, der uns Sachsen kennt,
bewundert unser Temprament,
und weil wir feurig sind wie Wanzjn,
verzichten wir auf Stimulanzjn,
wie Opium und Kokain
und gar das schnöde Koffein.
Was rinnt durch unsern Sachsenhals?

Zichorie, Gerstenbrand und Malz!
In einer Tour, ja seit Dezennijen,
entströmt den Zwiebelmuster-Kännchen
ein mokkaähnliches Parfiemchen.
Mir schaffen's ohne Kaffee Haach;
denn unsern ächten Bliemchen,
den macht uns keiner nach!

Hans Reimann

Zu den legendären Dresdner Kaffeehäusern gehörte das Café König in der Waisenhausstraße. Es verdankt seinen Namen nicht der Verehrung für den sächsischen Landesherrn, sondern seinem Gründer Hermann König. Ab 1875 bewirtete er seine Gäste auf zwei Etagen mit Kaffee und Spezialitäten der hauseigenen Konditorei. In der „Königsdiele" im ersten Stock lagen Dutzende Tageszeitungen und Journale bereit, und jeden Nachmittag und Abend wurden Konzerte gegeben, zum Beispiel von der beliebten Kapelle Orlow. Begehrt waren die Fensterplätze, denn von dort hatte man einen herrlichen Blick auf das Bismarck-Denkmal.

Außerdem war es ein Café für Schachbegeisterte: Zu den Stammgästen gehörten die Mitglieder des Dresdner Schachvereins, die sich hier fast 40 Jahre lang trafen, und auch der Besitzer ließ sich gern zu einer Partie überreden.

Bis 1945 gab es in der sächsischen Residenz etwa 50 Kaffeehäuser, dazu 22 Wiener Cafés und 36 Konditoreien. Neben Kaisercafé, Residenzcafé oder dem Café Maximilian waren vor allem das Theatercafé Wünsche und das Café Kreutzkamm am Altmarkt gut besucht.

1 Belebender Türkentrunk

(4 Portionen)

- *1/2 l Wasser*
- *80 g Mokkabohnen, fein gemahlen*
- *4 Würfel Zucker*
- *1 Stange Zimt*
- *4 Stück Zartbitterschokolade*

Das Wasser in einen Topf geben und den Mokka einrühren. Aufkochen und im Moment des Aufwallens vom Herd nehmen. Zucker und Zimt hineingeben und das Aufkochen dreimal wiederholen. Die Schokoladenstücke in 4 Tassen verteilen, den Kaffee durch ein Haarsieb aufgießen und sofort servieren.

Adventtorte – phantasievoll variiert

Für den Teig

- *125 g getrocknete Apfelringe*
- *100 ml Apfelsaft*
- *150 g Butter*
- *100 g Zucker*
- *1 Pck. Bourbon-Vanillezucker*
- *Zitronenaroma*
- *3 Eier*
- *200 g Mehl*
- *3 TL Backpulver*
- *100 g Macadamianüsse*

Für den Guss

- *200 g Puderzucker*
- *4 EL Apfelsaft*
- *25 g Kokosraspel*

Die Apfelringe in kleine Würfel schneiden, einige für die Verzierung der Torte zur Seite stellen. Die übrigen mit dem Apfelsaft aufkochen, abkühlen lassen.

Weiche Butter schaumig rühren, dabei nach und nach Zucker, Vanillezucker und Zitronenaroma einrühren. Die Eier einzeln hinzugeben und weiterrühren, bis der Teig cremig ist. Mehl und Backpulver mischen und auf den Teig sieben. Einrühren. Die Macadamianüsse hacken und mit den Apfelwürfeln zum Teig geben. Nochmals 3 Minuten auf höchster Stufe des Rührgerätes verrühren.

Eine Springform mit Backpapier auslegen und den Teig einfüllen. Etwa **60 Minuten** auf der mittleren Schiene backen (**E-Herd: 170 °C** / **Umluft: 150 °C**). Torte nach dem Backen in der Form abkühlen lassen, erst dann vom Rand lösen und auf ein Kuchengitter stürzen. Auskühlen lassen.

Puderzucker und Apfelsaft zu einem dickflüssigen Guss verrühren und mit einem Backpinsel gleichmäßig verteilen. Den noch feuchten Guss dick mit Kokosraspel bestreuen, zuletzt die zurückbehaltenen Apfelwürfelchen darauf verteilen.

Rezeptverzeichnis

Quellen

Ulla Heise, Kaffee und Kaffeehaus. Eine Kulturgeschichte, Leipzig 1987.

Ulla Heise/Doris Mundus, Süße muß der Coffee sein! Drei Jahrhunderte europäischer Kaffeekultur und die Kaffeesachsen, Leipzig 1994.

Lene-Voigt-Gesellschaft (Hg.), Lene Voigts Kochbuch, Leipzig 2000.

Georg Menchén, Romantische Reise durch Sachsen, Leipzig 1989.

Tom Pauls/Mario Süßenguth, Ilse Bähnerts süßes Sachsen. Kuriose Geschichten über Kaffee, Kuchen und Likör, Dresden 2012.

Hans Reimann, Neue Sächsische Miniaturen, Dresden 1927.

Volker Rodekamp (Hg.), Von Leipzig in die Welt. Europas erstes Porzellan, Leipzig 2010.

Manuel Schramm, Konsum und regionale Identität in Sachsen 1880–2000. Die Regionalisierung von Konsumgütern im Spannungsfeld von Nationalisierung und Globalisierung. Wiesbaden 2003.

Katrin Sohl/Doris Mundus/Christiane Klaucke, Stadtgeschichten. Kuriositäten erzählen über Leipzig, Leipzig 1998.

Katrin Sohl/Brigitte Richter, Eigener Herd ist Goldes wert, Leipzig 1995.

www.baeckersachsen.de
www.das-kaffee-lexikon.de
www.dr-quendt.de
www.kaffeeverband.de
www.leipzig-lese.de